गढ़ें अपना जीवन

गढ़ें अपना जीवन

(व्यक्तित्व गठन के मौलिक सूत्र)

मुकुल कानिटकर

प्रभात पेपरबैक्स
प्रभात प्रकाशन
ISO 9001 : 2008 प्रकाशक का उद्यम
www.prabhatbooks.com

प्रकाशक

प्रभात पेपरबैक्स

4/19 आसफ अली रोड, नई दिल्ली-110002

फोन : 23289555 • 23289666 • 23289777 ❖ फैक्स : 23253233

इ-मेल : prabhatbooks@gmail.com ❖ वेब ठिकाना : www.prabhatbooks.com

संस्करण

प्रथम, 2020

अ.मा.पु.स. 978-93-5048-391-6

★

GARHEN APNA JEEWAN

by Mukul Kanitkar

Published by **Prabhat Paperbacks** (A Division of Prabhat Prakashan)
4/19 Asaf Ali Road, New Delhi-2

ISBN 978-93-5048-391-6

अपार कष्टों से
जीवन को सँवार
हमें अपना जीवन गढ़ने
का संस्कार देनेवाले
पूज्य माताजी-पिताजी
सौ. माधवी एवं श्री मुकुंद कानिटकर
के श्रीचरणों में
सादर समर्पित

ॐ

जीवन-प्रबंधन की दिशा

मानव जीवन परमात्मा का जीव के लिए अमूल्य उपहार है। 'न मानुषात् श्रेष्ठतरं हि किंचित्' ऐसा कहकर भारतीय संस्कृति के सारभूत ज्ञानकोश महाभारत ने इसी तथ्य का उद्घोष किया है। भगवान् आदि शंकराचार्यजी ने भी देवता की कृपा से ही प्राप्त होनेवाले तीन अत्यंत दुर्लभ पदार्थों में प्रथम क्रमांक मनुष्यत्व को ही दिया है। स्वर्ग में निवास करनेवाले देवताओं से भी मृत्युलोक में निवास करनेवाला मनुष्य अधिक श्रेष्ठ इसलिए माना गया है कि, स्वर्ग केवल भोगभूमि है, मृत्युलोक कर्मभूमि है और इसमें भी केवल मनुष्य योनि ही कर्मयोनी मानी गई है। तात्पर्य, अच्छा-बुरा जो कुछ भी बोया जाएगा, वह मानव जन्म में ही। इसलिए, मानव जीवन की महज़ा शज़्दातीत अपार है।

किंतु, मानव जीवन का यह भी एक कठोर सत्य है कि वह अनिवार्य रूप से नाशवान् है। और यह भी विडंबना है कि, इसका नाश कब होगा, यह निश्चित नहीं कहा जा सकता। अत: हमारे हाथ में इतना ही है कि, इस जन्म में जितना समय हमें मिला उसका अच्छे से अच्छा सदुपयोग हो जाए। ऐंद्रिय सहज प्रेरणा से जीनेवाले कीटक, पशु, पंछी

आदि ऐसा विचार कर सकते ही नहीं। धन्य हैं वे लोग, जिनके भीतर अपने जीवन का सर्वोज़म सदुपयोग करने का विवेक जागृत हो गया हो। वे ही अपने जीवन को सार्थक कर सकते हैं।

जीवन को सार्थक बनाने के लिए आवश्यकता है अपनी क्षमताएँ और उपलज़्ध समय का अधिकतम उपयोग किसी स्थायी सर्वहितकारी कार्य के लिए करने की। वस्तुतः यह संपूर्ण जीवन के ही कौशल्यपूर्ण प्रबंधन का विषय है और इस विषय में आधुनिक मुज़्यतया अंग्रेजी और सामान्यतया अन्य भी अनेक भाषाओं में बहुत कुछ लिखा जा रहा है। किंतु मुझे महाभारत, योगवासिष्ठ, समर्थ रामदास स्वामी का दासबोध, आर्य, चाणक्य की नीति एवं अर्थशास्त्र जैसे भारतीय ग्रंथ सर्वोपरि प्रतीत होते हैं। इन सबमें भी पंचम वेदरूप महाभारत वास्तव में अद्वितीय है। उसमें स्थान स्थानपर किए गए एतद् विषयक उपदेशों का व्यवस्थित संकलन हमें जीवन प्रबंधन के बारे में वह सबकुछ दे सकता है, जो आधुनिक अंग्रेजी लेखकों ने दिया। सही तो यह है कि, महाभारत में तो उससे अधिक मिलेगा। महाभारत के अंतर्गत विदुरनीति का एक श्लोक उदाहरण के रूप में आपके समक्ष रखता हूँ—

निश्चित्य यः प्रक्रमते नान्तर्वसति कर्मणः।
अवन्ध्यकालो वश्यात्मा स वै पण्डित उच्यते॥

इसमें विदुरजी ने पंडित यानी समझदार मनुष्य के लक्षण बतलाते हुए कहा कि वही समझदार मनुष्य है जो, अपना गंतव्य निश्चित करता है, कार्य को छोटे हिस्सों में बाँटकर उनका क्रम ठहराता है, उसी क्रम से कर्म करता हुआ आगे बढ़ता है, कार्य को बिलकुल छोड़ता नहीं, व्यर्थ समय गँवाता नहीं और स्वयं को हर प्रकार से नियंत्रित रखता है। जीवन प्रबंधन के इस उत्कृष्ट श्लोक पर पूरी पुस्तक लिखी जा सकती है। ऐसे असंज़्य श्लोक महाभारत में मिलते हैं। आर्य चाणक्य का सूत्रमय उपदेश

देखें—

'सुखस्य मूलं धर्मः।
धर्मस्य मूलं अर्थः।
अर्थस्य मूलं राज्यम्।
राज्यमूलं इंद्रिय निग्रहः।
इंद्रिय निग्रहस्य मूलं विनयः।
विनयस्य मूलं वृद्धोपसेवा।'

यह सारा जीवन प्रबंधन ही तो है।

हमारे देश के महान् दृष्टा डॉ. हेडगेवारजी समर्थ रामदास स्वामी के महान् ग्रंथ 'दासबोध' का न केवल चिंतन करते थे, अपितु संघ स्थापना से पूर्व उस पर प्रवचन भी किया करते थे। महाभारत के उपदेश का समस्त तेजोमय सार दासबोध में एकत्रित है। इसी का परिणाम था कि, मनुष्य निर्माण की अद्‌भुत सिद्धि उनके तपस्वी जीवन में दिखती है।

किंतु महाभारत, चाणक्य नीति, दासबोध अथवा जीवन प्रबंधन के आधुनिक ग्रंथ इन सभी का अध्ययन आप यथावकाश कीजिएगा। उससे पहले आदरणीय श्री मुकुल कानिटकर की लिखी इस 'गढ़ें अपना जीवन' पुस्तक को अवश्य पढ़ लीजिए, ताकि इन महान् ग्रंथों की शिक्षा का द्वार आपके जीवन में खुल जाए। इस ग्रंथ में श्री मुकुलजी ने अनेक ग्रंथों के अध्ययन के साथ-साथ उनके सामाजिक समर्पित जीवन के अनुभवों का भी प्रचुर उपयोग किया है, जिसके कारण पुस्तक पढ़ते समय किसी से बातचीत करने का अनुभव होता है।

'गढ़ें अपना जीवन' पुस्तक का अवलोकन करते हुए पहले मुझे ऐसा लगा कि यह किसी ने अपने जीवन की कहानी शज़्दों के माध्यम से सादर की होगी। परंतु उसमें लिखित किए हुए आठों विषयों का ध्यान देकर पठन करने के पश्चात् मेरा विश्वाास हुआ कि, आम

आदमी को अपना जीवन सार्थक बनाने के लिए यह सचमुच एक उपयुज़ मार्गदर्शिका है। मधुर एवं प्रासादिक शज़्दों में विषयों का विस्तार करते-करते श्री मुकुल कानिटकर ने, सामाजिक साहित्य क्षेत्र में एक बड़ा योगदान दिया है। उनका इस उपयुक्त कार्य के लिए हार्दिक अभिनंदन करना आवश्यक है।

अपने अंतर्मन की खोज ही हमें अपने जीवन उद्‍देश्य का मार्ग दिखाती है और जब स्वयं को समझना हो तो जीवन के शाश्वत एवं सनातन नियमों को जानकर योग्य जीवनपद्धति अपनाना आवश्यक होता है। क्योंकि, अगर किसी पेड़ के सिर्फ पज़ों पर पानी छिड़का जाए तो जो चमक पाई जाएगी वह तात्कालिक रहती है, परंतु जब उसकी जड़ों को सींचा जाता है तो वह पूर्ण रूप से बहर जाता है। बिलकुल वैसे ही अपने जीवन को सुखमय, संतुष्ट एवं सफल बनाने के साथ-साथ सार्थक भी करना है तो जीवन में अनुशासन, एकाग्रता आदि जीवन मूल्यों की अनुभूति आवश्यक है। इसी के सहारे हम जीवन में सौष्ठव बनाए रख सकते हैं और सक्षम जीवन का लाभ ले सकते हैं।

मानवी जीवन की यात्रा में जिस तरह से विकास एवं विस्तार होना अनिवार्य है, उसका सोदाहरण किया हुआ विश्लेषण मन को सचमुच भाता है। इतना सुंदर और सरल विवेचन करते हुए लेखक ने जीवन के बहुत सारे आवश्यक पहलू और ऊर्जा स्रोत वाचकों के सामने रखकर आदर्श व्यक्ति जीवन बनाने की दिशा से एक बहुत महज़्वपूर्ण योगदान किया है। श्रद्धा, आत्मावलोकन, उत्साह, वैराग्य, धैर्य, विवेक आदि गुणों की जड़ में जाकर उनकी आवश्यकता बताते हुए लेखक महोदय ने अपने अनुभवविश्व का दर्शन तो दिया ही है, लेकिन इन सभी विशेष गुणों को कैसे विकसित करना चाहिए, उसका कल्पकता से सुझाव भी दिया है।

लेखक के कुछ सुंदर सुभाषित देखिए—

जीवन का उद्‌देश्य बाहर से थोपा नहीं जा सकता। (24)

पहला कदम अपनी यात्रा की दिशा तय करता है। (25)

इतना भी दूर न जाना कि लौट ही न सको। (26)

प्रत्येक व्यक्ति अपने आप में अद्वितीय है। (34)

सतर्क मन में अधिक कुतर्क आते हैं। (45)

साहस का अर्थ यह नहीं कि मनमानी करें। (48)

वैराग्य का अर्थ है मन का विस्तार। (57)

उपाधि मूल्य से आंतरिक मूल्य अधिक श्रेष्ठ है। (89)

इन विचारधाराओं से मिलनेवाला अमृतपान सुनिश्चित रूप से हमारे जीवन का सुगठन कर सकता है। श्री. कानिटकरजी में मुझे भावी मा. एकनाथजी रानडे और मा. दत्तोपंत ठेंगडीजी के वैचारिक परंपरा के बीज दृग्गोचर होते हैं। हर साधक उनकी इस पुस्तक को पढ़कर अपने जीवन को सार्थक बनाने का प्रयास करें और श्री मुकुलजी कानिटकर की लेखनी अविरत चलती रहे, इसी शुभकामना के साथ अभिनंदन।

इति शम्।

धर्मश्री, पुणे

दि. 07/05/2013

श्री ज्ञानेश्वर पदाश्रित

स्वामी गोविंददेव गिरि

स्वामी गोविंददेव गिरि

पुरोवाक्

जीवन में हर कोई सफल होना चाहता है। सफलता के लिए ही हर व्यक्ति प्रयास करता है। समाज में पद, प्रतिष्ठा व पैसा पाने से सफलता मिलती है, इसके साथ ही अपने स्वयं के भीतर भी कुछ आकांक्षाएँ होती है, जिनकी पूर्णता से अपूर्व संतोष प्राप्त होता है। वर्तमान समय में कई बार सफलता के आंतरिक व सामाजिक मापदंडों में विरोधाभास हो जाता है, फिर समझौते का जीवन जीना पड़ता है। इससे यह भ्रम फैल गया है कि या तो आप आत्मसंतुष्ट हो सकते है या अपने-आप से समझौता करके दुनिया की नजरों में सफल हो सकते हैं। इस भ्रम का परिणाम यह हुआ कि आजीविका के साधन सुनिश्चित करने की ओर भेड़चाल चल पड़ी। पुरी शिक्षा व्यवस्था में व्यक्ति के विशेष स्वत्व को पहचान, उसके विकास की कोई संभावना ही नहीं बची। परिवार व समाज भी बचपन से ही कुछ बनने के लिए दबाव डालने लगता है। ऐसे में अपनी पूर्ण संभावना का विकास कैसे हो?

क्या ऐसी कोई विधि हो सकती है, जिसमें आंतरिक व सामाजिक दोनों स्तरों पर सफलता पाई जा सकती है? इसी विधि को लिपिबद्ध करने का विनम्र प्रयास है यह पुस्तक—'गढ़ें अपना जीवन'। व्यक्तित्व विकास के समग्र आयामों को इसमें संकलित किया गया है। कहते हैं

कि पेड़ को सुदृढ़ करना हो तो जड़ों को सींचना होता है। पत्ताें पर पानी छिड़ककर तात्कालिक चमक तो पाई जा सकती है, पर पल्लवित, पुष्पित व फलदार वृक्ष तो जड़ों को पोषण मिलने से ही बनेगा। हमारा व्यक्तित्व भी पेड़ के समान ही जैविक इकाई है। यह पुस्तक चरित्र की जड़ों को सींचती है। साथ ही डालियों व पत्ताें के शृंगार की विधि भी बताती है। व्यक्तित्व के पूर्ण विकास की मार्गदर्शिका बनाने का यह प्रयास है। चरित्र का गठन हो गया तो चरितार्थ की चिंता नहीं रहेगी। पद, पैसा और प्रतिष्ठा ऐसे सार्थक व्यक्तित्व के पीछे भागेंगे। 'गढ़ें अपना जीवन' केवल कुछ युक्तियाँ नहीं है। यह एक वैज्ञानिक विधि है।

कहते हैं कि मानव जन्म अनमोल है। यह भी सुना है कि अनेक योनियों में भटकने के बाद ही अनेक सत्कर्मों के परिणामस्वरूप यह दुर्लभ जन्म मिलता है। पुनर्जन्म के विज्ञान को न जानने वाला व्यक्ति भी यह तो स्वीकार ही करेगा कि प्रकृति में जितने भी जीव हैं, उनमें मानव अतिविशिष्ट है और यदि अपनी क्षमताओं का सदुपयोग करे तो सर्वश्रेष्ठ भी सिद्ध हो ही जाता है। तो ऐसे अमूल्य और दुर्लभ जीवन को सार्थक बनाना ही होगा न? इस सार्थकता को पहले सैद्धांतिक रूप में समझना होगा और फिर व्यवहार में प्रत्यक्ष उतारना भी होगा। यह अपने आप में शुद्ध विज्ञान है। हर बात परीक्षित है और हर कोई परीक्षण कर अनुभव कर सकता है। मंत्र भी वैज्ञानिक परीक्षण पर खरा उतरता है और इस पुस्तक में जीवन को सार्थक बनाने का जो तंत्र सुझाया है, वह भी समय की कसौटी पर बार-बार परखा हुआ है।

स्वातंत्र्य मानव का जन्मसिद्ध अधिकार तो है ही, पर यह उसकी विशेष जिम़्मेवारी भी है। कल्पना व कर्म के स्वातंत्र्य ने मानव को असीम सामर्थ्य प्रदान किया है। इसने अनेक चमत्कार सृजित किए हैं। प्रकृति के समस्त बंधनों पर विजय पाने की क्षमता उसे प्रदान की है।

इस अनंत संभावना से उस पर दायित्व आ जाता है कि वह अपने स्वातंत्र्य से प्रकृति का विनाश न करें। इस हेतु उदार चारित्र्य के गठन की आवश्यकता है। यह पुस्तक इस चरित्र निर्माण की विधि को व्यक्तिगत न रखकर व्यवस्थागत बनाने का विनम्र प्रयास है। यह विधि समस्त शिक्षा पद्धति का आधार बननी चाहिए। जैसा इस पूण्यभू भारत में समय-समय पर होता रहा है चरित्र निर्माण एक सामान्य जीवन प्रक्रिया बन जाए। उदाज़ चरित्र के लोग अपवाद में नहीं, अपितु समाज का प्रत्येक व्यक्ति ही उदाज़ चरित्र का बन सके। यह पुस्तक उन तज़्वों व उनके व्यावहारिक प्रयोग को बताने का विनम्र प्रयास है, जो ऐसे आदर्श समाज रचना का आधार बने।

कहना तो यही चाहिए कि इस पुस्तक में लेखक का अपना कुछ भी नहीं है। नया कुछ भी नहीं। वही चिर पुरातन सिद्धांत है, जिनको सनातन ऋषियों ने अनादिकाल से बार-बार प्रतिपादित किया है, किंतु अहंकार कहाँ पूर्ण विलीन हो पाता है। कुछ प्रतिपादन, समझ व अभिव्यक्ति की कमियाँ मिलेंगी तो उसका दायित्व लेखक का अपना है। दो दशकों से अधिक के व्रतस्थ जीवन में अनेक स्रोतों से संकलित किस्मों, कथाओं व अनुभवों का प्रयोग पुस्तक में हुआ है। उन अनाम योगदानकर्ताओं का साधुवाद अंकित करना आवश्यक है। माता-पिता के संस्कार, अनेक अनुभवी कार्यकर्ताओं से चर्चा, वाद-विवाद व विमर्श में से ही तो सबकुछ निकला है। उनके श्रीचरणों में तो केवल प्रणाम ही कर सकते हैं।

नागपुर से प्रकाशित 'साप्ताहिक भारतवाणी' में उसके उत्साही संपादक श्री लखेश्वर चंद्रवंशी के आग्रह पर 'गढ़ें अपना जीवन' नाम से लेखमाला लिखी, जो इस पुस्तिका का आधार बनी। उनके स्मरण के बिना यह पुरोवाक् अधूरा ही रहेगा। अतः इस कृति के प्रसव का सारा

श्रेय उनका है। शिक्षा व्यवस्था में भारतीयता लाने के लिए कार्यरत राष्ट्रीय संगठन 'भारतीय शिक्षण मंडल' का मूल विषय ही इस पुस्तक में प्रतिपादित है। अतः वे इस पुस्तक के प्रस्तोता हैं।

व्यक्तित्व गठन के मौलिक सूत्र—'गढ़ें अपना जीवन' को विनम्रता से सुधी पाठकों के समक्ष, सादर समर्पित करते हैं।

अनुक्रमणिका

1

जीवन उद्देश्य, ध्येय व मार्ग

मानव जीवन को सार्थक बनाने के लिए उसका उद्देश्यपूर्ण होना आवश्यक है। उद्देश्य से ही जीवन का अर्थ स्पष्ट होता है, फिर उस उद्देश्य के अनुरूप ध्येय को पाने के लिए जीवन लगाने में ही मनुष्य की सार्थकता है। जीवन का उद्देश्य, ध्येय व मार्ग बाहर से पकड़े अथवा तय नहीं किए जाते। उनको तो अपने-आप में ही खोजना होता है। जीवन एक निरंतर खोज है।

एक खोज अंदर की ओर...

एक देश सारे विश्व में ज़्यात था। किसी पत्रकार ने सोचा कि इसकी ज़्याति का रहस्य खोजा जाए। जब वह अपनी खोजबीन के लिए उस देश में पहुँचा तो उसे पता चला कि एक प्रांत के कारण वह सारे विश्व में प्रसिद्ध था। वह उस प्रांत में गया, तब उसने पाया कि वहाँ एक जिला है, जिसके कारण वह प्रांत देश में, देश विश्व में विज़्यात है। जिले के मुज़्यालय पहुँचने पर उसे एक गाँव का पता बता दिया गया, जिसके कारण जिला प्रांत में, प्रांत देश में व देश विश्व में ज़्यात था। गाँव में भी

एक मोहल्ला व मोहल्ले में एक मंदिर, जिसके कारण गाँव जिले में, जिला प्रांत में, प्रांत देश में और देश सारे विश्व में प्रसिद्ध था। मंदिर के गर्भगृह में तो मूर्ति होगी ही। उस मूर्ति की ही प्रतिष्ठा थी, जो ज़्याति की सुगंध सभी भौगोलिक स्तरों पर फैल रही थी। पत्रकार जब गर्भागार में पहुँचा तब उसे बड़ा दुःख हुआ। मूर्ति हलदी, कुमकुम तथा अन्य पूजा सामग्री की परतों से ढकी हुई थी। पुजारी तथा अन्य भक्तगण भी उस देवता का नाम नहीं बता पाए, जिसने उस मंदिर को विश्व भर में प्रसिद्ध कर दिया था। पत्रकार बड़ा जीवटता का खोजी था। उसने पूजा सामग्री की परतों को हटाना प्रारंभ किया। परत दर परत उसकी संकल्प-शक्ति की परीक्षा हो रही थी। वह बड़ी लगन से अपने कार्य में लगा रहा। कुरेदते-कुरेदते जब वह तह तक पहुँचा। जब सारा आवरण हटा दिया तब उसके आश्चर्य की सीमा न रही। वहाँ कोई मूर्ति थी ही नहीं, था—एक दर्पण, शीशा, आईना।

सदियों पूर्व हमारे पूर्वजों ने मंदिर में पूजास्थल की स्थापना की थी। दर्पण हमें अपने अंदर झाँकने की प्रेरणा देता है; अपने आपका परीक्षण करने की प्रेरणा देता है। ईश्वर तो हमारे अंदर ही है। उसे खोजना भी अंदर ही है, अतः आत्मस्वरूप का पूजन ही सच्चे अर्थ में पूजा है। मंदिर का अर्थ यही है कि हम अपने आपको पहचानना प्रारंभ करें। मूर्ति के रूप में एक शीशा हो या न हो, मंदिर में हम जाते हैं अपने आप के दर्शन हेतु ही। भगवान् के दर्शन करना तो निमिज़मात्र है।

दिल्ली में एक गरीब मजदूर रहता था। दिन भर 100-100 किलो अनाज के बोरे उठाता, ठेला चलाता, तब शाम तक 90-100 रुपए कमाता। कभी-कभार एकाध फेरी ज्यादा कर ले तो 20-25 रुपए अधिक मिल जाते थे। उसी कमाई में से घर की रोटी, बच्चों की पढ़ाई, कपड़े—सब चलाता था। फिर भी घर के कोने में स्थापित छोटे से मंदिर में रोज

कुछ-न-कुछ चढ़ाता था। जब अधिक रोजी मिलती तो उस दिन दानपात्र में 20-25 रुपए भी डाल देता था। पत्नी पूछती—भगवान् के पास तो सबकुछ है, फिर आप उन्हें क्यों देते रहते हो? बच्चों के दो अच्छे कपड़े आ जाएँगे। कभी किसी दिन फल ही खाने को मिल सकते हैं। पर वह चुप रहता और हँस देता। इसी तरह बचत का क्रम जारी रहता।

उसके मन में दृढ़ संकल्प था। वह पर्याप्त बचत के बाद वैष्णोदेवी जाना चाहता था। वर्षों तक मेहनत कर, अपने और अपने बच्चों की सुविधाओं में कटौती कर इसी एक आस में बचत कर रहा था। जब पर्याप्त राशि जुट गई तो सबको लेकर कटरा गया, कटरा से पैदल पहाड़ी चढ़ा; 14 किमी. की चढ़ाई नाचते-गाते भक्तों के साथ पार हो गई। 'जय माता दी' का घोष कानों में ही नहीं, मन में भी गूँज रहा था। सारे वातावरण में यही स्वर थे—मैं भी बोलू जय माता दी, तुम भी बोलो जय माता दी। सब मिल के बोलो, प्रेम से बोलो, जोर से बोलो, गाते बोलो, नाचते बोलो, आते बोलो, जाते बोलो—जय माता दी!

सब अजनबी, पर एक-दूसरे का प्रेम से अभिवादन करते जय माता दी। सबकी एक ही पहचान है—सब माता के भक्त। सबका लक्ष्य एक ही—पहाड़ावाली, शेरावाली के दर्शन। अनेक आयु-अवस्था के लोग। कोई टट्टू पर तो कोई पालकी में, कोई झूमता, कोई लँगड़ता, कोई लाठी का सहारा लिये, पर सब जा रहे एक ही भवन की ओर, माँ के दर्शन करने…।

जब ऊपर मंदिर के बाहर पहुँचा तो शरीर थक के चूर था, पर मन में थी एक अनोखी शांति। लंबी कतार में खड़े प्रतीक्षा, माँ के दर्शन की… इतने वर्षों की मेहनत, त्याग, बचत और आज के लंबे परिश्रम के बाद वह क्षण आ ही गया जब गुफा के अंदर माँ के दरबार में दाखिल हुआ। मूर्ति के सामने खड़े होने की जगह भी कम है और भीड़ के कारण पुजारी

खड़े भी नहीं होने देते। केवल चंद क्षण मिलते हैं माँ के सामने। अपना बहादुर भाई भी खड़ा हुआ गर्भगृह के सामने। एक क्षण ही माँ के रूप को निहारा होगा कि पुजारी बोल उठा—चल आगे चल। कुछ ही क्षण में उसे निकास गुफा की ओर धकेला जाना था, फिर भी उसने हाथ जोड़े और आँखें मूँद लीं।

वर्षों मजदूरी करके संचित धन को खर्च कर वैष्णोदेवी आया। किसलिए? माँ का दर्शन करने। 14 किमी. पहाड़ी पर थका देने वाली यात्रा की, किसलिए? माँ के दर्शन करने। लंबी कतार में खड़े होकर प्रतीक्षा की, किसलिए? माँ के दर्शन करने··· और फिर जब माँ के सामने दो-चार क्षण मिले तो उसमें भी कुछ देर के लिए आँखें बंद कर लीं। इतना प्रयास इतना परिश्रम···माँ के दर्शन के लिए, फिर··· टकटकी लगाकर देखता रहता, आँखें क्यों बंद की? क्योंकि हम माँ के दर्शन करना चाहते हैं अपने ही अंदर, अपने ही अंतर्मन में। उपनिषदों में वर्णित इतना बड़ा सच हम जानते हैं, उस पर अमल कर रहे हैं और फिर भी हम अनजान हैं। अनजाने में हम मंदिर में दर्शन करने जाते हैं तब अपनी आँखें बंद कर लेते हैं। हम अपने अंदर ईश्वर की खोज करते हैं। किंतु सजगता के अभाव में वह हमारे जीवन पर प्रभाव नहीं डालता। यदि हम इसका अर्थ समझने का प्रयास करेंगे तो पाएँगे कि देवालय, मंदिर तो निमिज़ मात्र हैं कि हम अपने अंदर की खोज प्रारंभ करें।

मैं कौन हूँ?

संस्कार वर्ग के सबसे छोटे बालक को कार्यकर्ता ने अपने पास बुलाकर कहा, जाओ, मैदान के पार उस पेड़ को छूकर आओ। पाँच-छह साल का वह छोटा बालक तुरंत दौड़कर नहीं गया। उसने उलटा प्रश्न किया, क्यों? क्यों जाऊँ दौड़कर? मैं ही क्यों जाऊँ?

कार्यकर्ता मुसकराया, सबकी ओर देखकर हँसते हुए बोला—देखो, यह छोटू भी कोई काम उसका उद्‌देश्य जाने बगैर नहीं करना चाहता। आप लोग भी ऐसा ही करते हो न? माँ कुछ करने के लिए कहे तब भी पूछते हो—क्यों? और पिताजी कुछ करने को मना करते हैं तब भी पूछते हो—क्यों? पर आपने कभी अपने आप से यह प्रश्न पूछा है, इतने वर्षों से मैं जी रहा हूँ, साँसें ले रहा हूँ, खाना खा रहा हूँ, जीवित हूँ—क्यों? किसलिए? किस उद्‌देश्य से?

मैं कौन हूँ? क्यों जन्म लिया मैंने? जब हम अपने आप से ये प्रश्न पूछते हैं, तभी वास्तव में हमारा जन्म होता है। इस प्रश्न का उत्‍तर तुरंत मिले, ऐसा नहीं है। पर प्रश्न पूछना आवश्यक है। हमेशा यह प्रश्न पूछते रहना है। एक उत्‍तर मिलेगा। उस पर कुछ दिन अमल करेंगे तो यही प्रश्न हमारे सामने आएगा। फिर कुछ प्रयोग करेंगे तो और बातें स्पष्ट होंगी। ऐसा करते-करते हम अपने स्वभाव का परिचय पाएँगे। यह स्वभाव ही हमारी पहचान है।

जिस किसी ने अपने आप से यह प्रश्न किया, उसका जीवन परिवर्तित हो गया। तेरह साल का सुभाष छात्रावास में रहता था, अंग्रेजों के राज में उसके पिता चाहते थे कि वह बड़ा होकर अंग्रेजी अधिकारी बने। भारतीय प्रशासनिक सेवा की परीक्षा उत्‍तीर्ण करे। पर सुभाष के मन में प्रश्न गूँज उठा—मैं कौन हूँ? मेरा जन्म किसलिए हुआ है? उसने अपनी माँ को पत्र लिखा—माँ, तुमने मुझे जन्म दिया है। अब तुम ही बताओ, इसका उद्‌देश्य क्या है? मुझे जीवन में क्या करना है?

इन प्रश्नों ने सुभाष का जीवन बदल दिया। जिसको बचपन से ही अंग्रेजों का भक्त बनाने का पूरा प्रयास किया गया था। जिसके मन में कूट-कूटकर भरा गया था कि तेरे जीवन का उद्‌देश्य अधिकारी बनना और पैसे कमाना है—वही सुभाष अब इसके बिलकुल विपरीत सोचने लगा।

अपने जीवन का उद्देश्य खोजने लगा। अपने स्वभाव को पहचानने का प्रयत्न करने लगा और वही आगे चलकर 'आजाद हिंद फौज' का निर्माता, महान् राष्ट्रभक्त सुभाषचंद्र बोस बना।

बड़े होकर इन्हीं प्रश्नों के द्वारा उन्होंने युवाओं को झकझोर दिया। सभी को अपने-अपने जीवनोद्देश्य के प्रति सजग किया। ऐसे ही जाग्रत् युवाओं के माध्यम से आजाद हिंद फौज का निर्माण हुआ।

एक बात तो स्पष्ट है कि जीवन का उद्देश्य बाहर से थोपा नहीं जा सकता। माता-पिता भी अपनी इच्छा से बच्चे को उसके जीवन का उद्देश्य नहीं बता सकते, वह तो प्रत्येक को खोजना पड़ता है। स्वयं का जीवनोद्देश्य खुद के खोजने से ही मिलता है।

प्रत्येक महापुरुष के जीवन में इसी प्रश्न ने परिवर्तन किया। इसी की खोज में उनके कार्य इतने महान् हो गए कि उनकी मृत्यु के अनेक वर्षों के बाद भी उनको याद किया जाता है। जन्मत: तो प्रत्येक व्यक्ति महान् होता है, किंतु जब तक अपने जीवन का उद्देश्य नहीं पा जाता, तब तक वह महानता ढकी रह जाती है। अनेक लोग सारी जिंदगी अपने आप से यह प्रश्न ही नहीं पूछते कि मैं कौन हूँ? किसलिए पैदा हुआ हूँ? सारा जीवन ऐसे ही बीत जाता है अपने आप को जाने बिना। ऐसा निरुद्देश्य जीवन तो पशुवत् ही है।

सड़क पर आवारा कुत्ता भी अपना पेट पाल लेता है। छोटी सी चींटी भी प्रयास करके अपना पेट पालती है। मच्छर भी बच्चे पैदा करते हैं। मनुष्य का जन्म लेने के बाद यदि हम भी केवल पेट भरने के लिए ही जिएँ तो हममें और पशुओं में क्या भेद रह जाएगा?

ईश्वर की दुनिया में तो पशु भी निरुद्देश्य नहीं है, किंतु उनका स्वभाव उनके कर्म में अनायास ही प्रकट होता है, अत: बिना प्रयास के ही उनका जीवनोद्देश्य पूर्ण होता है। मानव को बुद्धि दी गई है। वह सोचता

है, अत: कर्म भी अनेक प्रकार से कर सकता है, इसलिए उसका जीवन अधिक महज़्वपूर्ण है। पशुओं की तरह उसका जीवन आचरण स्वभाववश नहीं होता। वह अपनी मरजी से अपना आचरण बदल सकता है, इसलिए उसका स्वभाव भी विशेष होता है।

प्रत्येक को अपने स्वभाव को खोजना होता है और फिर उसके अनुसार कर्म का निर्णय करना होता है। आजकल हम स्वभाव को पहचानने से पूर्व ही अपना काम तय कर लेते हैं। फिर हमारे जीवन का लक्ष्य होता है कुछ बनना। वास्तविकता यह है कि हम तो अपने आप में ही बने हुए हैं। हमें तो अपने प्रयत्न से उसको प्रकट मात्र करना है। जैसे लालटेन के काँच पर कालिख जमा हो जाती है और उसके कारण उसका प्रकाश बाहर नहीं आ पाता है, उसी प्रकार मानव के शुद्ध स्वभाव की लौ बाहरी आचरण के आवरण से ढक जाती है। कालिख दूर करते ही अंधकार भाग जाएगा, उसके लिए प्रकाश को बनाने की आवश्यकता नहीं है। अपने अंदर के सत्य स्वरूप को जानना और उसे प्रकट करना—यही हमारे जीवन का उद्‌देश्य है।

जाना कहाँ है?

यात्रा कितनी भी लंबी क्यों न हो, उसका प्रारंभ होता है एक कदम से। पहला कदम बड़ा महज़्वपूर्ण होता है। पहला कदम अपनी यात्रा की दिशा तय करता है। यात्रा की सफलता पहुँचने में है, सही स्थान पर पहुँचने में। हमें जहाँ जाना है, चलना भी उसी दिशा में पड़ेगा। हमारे पास बड़ा तेज वाहन है। वातानुकूलित, गद्‌देदार बैठकवाला, बिना आवाज के बड़ी तेज गति से चलनेवाला। पर इस सबके होते हुए भी यदि कन्याकुमारी जाने के लिए उज़र की ओर चल पड़े तो क्या पहुँच पाएँगे? इसलिए पहला कदम बड़ा ही महज़्वपूर्ण है।

जीवन भी एक यात्रा ही है। सदा चलनेवाली, कभी न रुकनेवाली। हम बैठे रहें आलस में, तब भी जीवनयात्रा तो चलती ही रहेगी। यात्रा निरर्थक नहीं होती, उसका उद्देश्य होता है। भटकने के लिए दिशा तय करना जरूरी नहीं है। मन में आए उस ओर चल पड़ें। मेरी मरजी जो बस, रेल मिले, उसमें चढ़ जाओ। मेरी मरजी! जहाँ मन करे उतर जाओ। मेरी मरजी! जितनी देर रुकना चाहो रुक जाओ। मेरी मरजी। फिर जिस ओर मन करे चल पड़ें। मेरी मरजी! ऐसा करके कहाँ पहुँचेंगे ? ऐसे अपनी मनमानी करते जीवन में भटक जाएँगे कि पता ही नहीं चलेगा ये कहाँ आ गए हम ? फिर शायद जहाँ से चल पड़े थे, वहाँ तक भी लौट न पाए।

वनवासियों में जब नवयुवक जंगल में शिकार खेलने पहली बार जाता है तो बड़े-बुजुर्ग उसे यह सीख देते हैं कि इतना भी दूर न जाना कि लौट ही न सको। फिर यह भी कि कहाँ नहीं जाना है। किस ओर जाना है, यह तो वह अपने-आप समझ लेता है। हमारा अनुभव हमारा सच्चा मार्गदर्शक होता है। जब जीवनयात्रा में अपने ध्येय के बारे में शंका हो जाए तो पूर्वानुभव ही मार्ग बताता है।

मार्ग शोध

एक राही चलता-चलता एक चौराहे पर आ पहुँचा। उसे अपना गंतव्य (जहाँ जाना है) तो पता था, किंतु चार राहों में कौन सी वहाँ जाती है, यह नहीं जानता था। मार्गदर्शन देनेवाला भी कोई नहीं अर्थात् बिलकुल वर्तमान युवा पीढ़ी के समान स्थिति थी। जिस खंभे पर दिशासूचक पट्टिका लगी थी, वह भी उखड़कर नीचे गिरी पड़ी थी। चारों मार्ग किस गंतव्य तक जाते हैं, यह उन पट्टिकाओं पर लिखा था, किंतु आधार उखड़ जाने से अब उनका कोई अर्थ नहीं रह गया था। राही सोचता रहा कि पुरुषार्थ से मैं इन पट्टिकाओं को उठा भी लूँ तो खंभा किस ओर खड़ा करूँ कि दिशा

ठीक हो ? यदि कुछ उलटा-पुलटा हो गया तो गलत राह पर चला जाऊँगा। मित्रो, क्या आप उस राही का समाधान कर सकते हैं? जरा सोचें, तब तक हम कुछ और चर्चा कर लें।

बचपन से ही हमारे सम्मुख अनेक सफल विकल्प रखे जाते हैं कि क्या बनना है। उस समय के सफलतम व्यवसायों में से किसी एक को चुनने का दबाव अभिभावकों पर होता है। उसी आधार पर हमारे मन में जीवन-ध्येय का बीजारोपण कर दिया जाता है। उसी ध्येय को पाने के लिए हम जी-जान से जुट जाते हैं। समय के साथ सफलता के आयाम भी बदलते जाते हैं और अनेक नए-नए व्यवसाय जुड़ते जाते हैं। किंतु जब हम युवा होंगे अर्थात् 15-20 वर्ष शिक्षा पूर्ण करने के बाद उस समय किस प्रकार की योग्यता की माँग होगी, इसका विचार ध्येय निर्धारण में नहीं होता। अत: दूरदृष्टि के अभाव में हम जिस योग्यता को कठोर परिश्रम से प्राप्त कर लेते हैं, उस समय तक वह योग्यता अप्रासंगिक हो जाती है। फिर खोज··· कि अब क्या करें ? कई बार अंतत: हम जो बनते हैं, वह अनेक असफलताओं के बाद बचा-खुचा निचोड़ होता है।

जहाँ हमने अपने राही मित्र को छोड़ दिया था। उसके पास चार विकल्प थे, किंतु कौन सा मार्ग कहाँ जाता है, बताने के लिए मार्गदर्शक नहीं था। आधारहीन दिशासूचक को सही प्रकार से खड़ा करने पर वह विचार कर रहा था। क्या आपने कुछ समाधान सोचा ? क्या आप उसकी कोई सहायता कर सकते हैं? कठिन-से-कठिन समस्या का समाधान अकसर सरलतम सोच में होता है। राही की समस्या का समाधान भी बड़ा ही सरल है। एक खंभे पर चार मार्गों के दिशासूचक लगे हैं, यदि एक पट्टिका भी सही दिशा में लगा दी तो बाकी तीन तो अपने आप ठीक हो जाएँगी। अब जरा सोचें, उस राही को एक मार्ग का तो पूरा ज्ञान है ही। जब वह चौराहे पर पहुँचा है तो उन चार मार्गों में से ही किसी एक पर

चलकर ही तो पहुँचा होगा। यदि वह अपने आनेवाले स्थान की पट्टिका को उस मार्ग की ओर कर दे, जिस ओर से आया है तो अन्य तीन भी सही दिशा में हो जाएँगी।

हमें यदि 'क्या बनना है' इस पर सोचने के स्थान पर 'कैसे बनना है' इस विषय पर सोचेंगे तो सभी मार्ग ठीक जाएँगे। हम किस ओर से आकर इस मोड़ पर पहुँचे हैं, यदि इस बात पर चिंतन करेंगे तब हमारे समक्ष आगे के विकल्प स्पष्ट होंगे। निश्चित ही किस ओर आगे बढ़ना है, वह निर्णय तो अपने-आप नहीं होगा, किंतु निर्णय हेतु उपलज़्ध विकल्प तो स्पष्ट होंगे ही।

जीवन का उद्‌देश्य तो अपने अंदर की दिव्यता को खोजना है। जीवन के सभी कार्य व्यापार इसी दिव्यता को प्रगट करने के माध्यम हैं। अत: हम अपनी आजीविका का निर्णय अपने स्वभाव के अनुरूप करेंगे तो जीवन सहज और आनंददायी हो जाएगा। हमारा जीवनध्येय स्वभाव के अनुसार हो और मार्ग का चयन भी इसी आधार पर करें।

समाज की प्रस्थापित मान्यताओं के अनुसार आजीविका (Career) के कुछ विकल्प सामने रखकर उन पर ही काम करना, यह स्वयं ही बेड़ियाँ पहनकर दौड़ने जैसा है।

अत: पहले स्वयं को समझें और फिर उस आधार पर जीवन का नियोजन करें। इस मार्ग पर सफलता, सार्थकता व आनंद सुनिश्चित है। गंतव्य तक पहुँचने पर ही नहीं, चलते चलते भी…।

□

2

जीवन विज्ञान

अस्तित्व के नियम

जीवन को समझना एक वैज्ञानिक प्रक्रिया है। सृष्टि में सबकुछ नियम से चलता है। सबकुछ सूत्रबद्ध है। असंगत और असंबद्ध कुछ भी नहीं। मानव को कल्पना व कर्म दोनों का स्वातंत्र्य प्राप्त है। यदि जीवन के शाश्वत व सनातन नियमों को समझकर वैज्ञानिक जीवन पद्धति को अपनाया जाए तो जीवन सुखकर, संतुष्ट व सफल होने के साथ ही सार्थक भी होगा। अस्तित्व के नियम सार्वभौम होते हैं अर्थात् दुनिया के किसी भी कोने में एकसमान ही लागू होते हैं। यह नियम सार्वकालिक होते हैं अर्थात् प्रत्येक काल में समान रूप से काम करते हैं। सार्वजनीन होते हैं अर्थात् किसी भी मूल के लोगों के लिए वैसे ही प्रभावी होते हैं। पूरी मानवता के लिए अनिवार्यत: लागू होनेवाले इन मौलिक सिद्धांतों को समझना ही जीवन विज्ञान है। हम एकाकी नहीं हैं। जगत् में हमारा सबसे ही सजीव संबंध है। पूरे ब्रह्मांड का हमारे जीवन पर प्रभाव पड़ता है। इसलिए स्वयं को समझने की वैज्ञानिक प्रक्रिया में जगत् में चल रही व्यवस्था को भी समझना पड़ेगा। एक-एक कर पूरे संसार को समझने में

तो सारा जीवन भी कम पड़ेगा। अतः उन शाश्वत नियमों को जान लेते हैं, जिन पर यह संसार चल रहा है।

अंग भी पूर्ण है

एक बार शरीर के सारे अंगों में विवाद हो गया। पाँव कहने लगे, 'हम ही श्रेष्ठ हैं। हमारे आधार पर ही तो सारा शरीर खड़ा होता है।' हाथ कहने लगे, 'हम तो सारा काम करते हैं। हमारे कार्य से ही कमाई होती है। कमाई से पोषण। हम ही सर्वश्रेष्ठ हैं।' पेट ने अपना तर्क दिया, 'मैं भोजन न पचाऊँ तो सबकी बैटरी डाउन हो जाएगी।' हृदय ने कहा, 'मैं धड़कना बंद कर दूँ तो?' मस्तिष्क कह उठा, 'सब मेरे नियत्रंण से ही संचालित होता है। मैं ही सबका राजा हूँ।' फेफड़ों ने कहा कुछ नहीं, एक क्षण के लिए रुक गए। श्वास रुकी और सब परेशान। सारे अंग अपनी-अपनी श्रेष्ठता साबित करने में लग गए। कहानी का अंत तो लेखक ने किया आत्मा के विधान द्वारा आत्मा घर छोड़ जाने लगी तो सबकी शक्ति क्षीण हो गई। सब कहने लगे, आत्मा ही श्रेष्ठ है, क्योंकि इसके बिना तो किसी का कोई अस्तित्व ही नहीं है। किंतु आत्मा ने कहा, 'आप सभी अपने आप में श्रेष्ठ हो। प्रत्येक अपने-अपने कार्य में श्रेष्ठ है। सब अपना कार्य व्यवस्थित करेंगे, तभी शरीर अपना काम कर सकेगा।' अंगों का कार्य तथा ध्येय पूरे शरीर के अनुरूप होगा तभी उसका महज़्व है। शरीर को जहाँ जाना है, पैरों को उसी दिशा में चलना होगा। अन्यथा पैरों का कार्य निरर्थक ही होगा। अंगों की सार्थकता पूरे शरीर की लक्ष्य-पूर्ति में है।

यह अस्तित्व का प्रथम शाश्वत नियम है। हम अपने आप में पूर्ण नहीं हैं। हम तो पूर्ण के अंग हैं। जैसे शरीर में विभिन्न कोशिकाओं से अवयव व अवयवों से प्रणालियाँ बनी है वैसे ही हम भी विराट् पुरुष के

अंग हैं। इस बात को समझने से हम जीवन के ध्येय का निर्धारण उचित विधि से कर सकते हैं।

अब हम स्वयं को देखें। हमारा अपना एक सर्वश्रेष्ठ भाव है। जैसे पैरों का कार्य हाथ नहीं कर सकते, वैसे यदि हम अपने स्वभाव एवं क्षमता के अनुसार जीवन ध्येय चुनेंगे तो सहज सफलता प्राप्त होगी। हमारी क्षमता व रुचि का मेल होता है, उसी के अनुसार हमें काम में आनंद आता है। पूर्व में जो वर्ण व्यवस्था थी, वह इसी प्रकार गुण-कर्म पर आधारित थी। आज भी यदि हम अपना जीवन-ध्येय वैज्ञानिक तरीके से तय करना चाहते हैं तो हमें अपने स्वभाव का वर्ण पहचानना होगा। हमें यदि सेवा में आनंद आता है तो उसके अनुसार हमें जीवन ध्येय चुनना होगा। यदि हमें लाभ प्राप्ति में रस आता है तो हम व्यापारादि उत्पादक कार्यों में अपना जीवन ध्येय तय कर सकते हैं। शारीरिक बल अथवा नेतृत्व में सहजता से रमने वाले व्यक्ति को रक्षासेवा, प्रशासनिक सेवा अथवा राजनैतिक सेवा का चयन करना उपयोगी होगा। अंततः यदि अध्ययन, अनुसंधान या कला संगीत में रुचि हो, उसके अनुसार जीवन-ध्येय बनाने से सहज सफलता मिलेगी।

इस विचार के बाद भी एक बात बच ही जाती है। केवल अपने स्वभाव एवं शक्ति का निर्णय कर लेने से काम नहीं चलेगा। समग्रता से भी विचार करना होगा। जैसे हाथ-पाँव आदि हमारे शरीर के अंग हैं, उसी प्रकार हम भी तो राष्ट्रपुरुष के अंग हैं। हम भारतमाता के अंग हैं, अतः हमारा जीवन-ध्येय माँ भारती के जीवनधर्म के अनुकूल होगा, तब ही वह उपयोगी होगा। स्वामी विवेकानंद कहते हैं कि भारत का जीवन-ध्येय (मिशन) है विश्व का मार्गदर्शन करना। हम भारत को विश्वगुरु के पद पर आसीन देखना चाहते हैं। अपना जीवन-ध्येय, कर्म और व्यवसाय चुनते समय हम यदि इस बात का ध्यान रखें तो हमारी सफलता राष्ट्रसेवा

का माध्यम बनेगी और यह भाव कर्म की विशेष प्रेरणा देगा।

एक और बात···व्यावसायिक लक्ष्य को ही जीवन-ध्येय न मान बैठें। प्रतिवर्ष लाखों छात्र पी.ई.टी., पी.एम.टी. अथवा आई.आई.टी. की प्रतियोगी परीक्षा में बैठते हैं। कुछ ही सफल होते हैं। असफलता से छात्र निराशा व हताशा के शिकार हो जाते हैं। हमने इंजीनियर व डॉक्टर बनने के व्यावसायिक लक्ष्य को ही जीवन-ध्येय मान लिया है। व्यवसाय तो साधन है। हमें मुंबई जाना है। रेल के आरक्षण की लाइन में लगे हैं। आरक्षण नहीं मिला तो क्या जाना रुक जाएगा ? किसी और साधन से चले जाएँगे। हमारा ध्येय स्पष्ट होना चाहिए, फिर साधन पाने की सफलता अथवा असफलता से निराशा नहीं होगी। डॉक्टर बनना, सीए बनना तो साधन हैं, साध्य अलग-अलग हो सकते हैं। एक डॉक्टर बनकर सेवा करना चाहता है, दूसरा पैसा कमाना, कोई नया अनुसंधान करना। यदि ध्येय स्पष्ट है तो पी.एम.टी. में असफल रहने पर भी सेवा करने, पैसा कमाने अथवा अनुसंधान करने के वैकल्पिक रास्तों पर विचार किया जा सकता है। दूसरी ओर ध्येय स्पष्ट नहीं हो और केवल भेड़चाल में व्यावसायिक लक्ष्य प्राप्त भी कर लिया तब भी जीवन में संतोष नहीं मिल पाएगा। अत: व्यावसायिक लक्ष्यप्राप्ति पर चिंतन करते समय ही उसके द्वारा प्राप्त करने के जीवन ध्येय पर भी ध्यान दें। दोनों स्पष्ट हो जाने पर राह सुगम और आनंदमय हो जाती है।

एक व्यक्ति ने घर पहुँचकर अपनी पत्नी को कहा, ''आज मैंने पाँच रुपए बचाए।''

''कैसे ?''

''मैं बस के पीछे दौड़ता चला आया।''

पत्नी ने कहा, ''कल टैक्सी के पीछे दौड़कर आना, पच्चीस रुपए बचेंगे।''

साधन का मूल्य सुविधा नहीं, पहुँचना है। क्या बड़े व्यवसाय के पीछे भागकर ज्यादा लाभ मिलेगा? उसी प्रकार एक बार ध्येय, मार्ग और वाहन, तीनों का चयन कर लेने के बाद फिर जल्दबाजी या तनाव का क्या काम? रेलगाड़ी में चढ़ जाने के बाद भी यदि कोई अपना सामान सिर पर उठाए रखे तो उसे क्या कहेंगे? या फिर कोई रेल में चढ़ने के बाद भी इंजन की दिशा में दौड़ता रहे तो क्या जल्दी पहुँच जाएगा?

तुम सा नहीं देखा

चार्ल्स की ऊर्जा को दिशा देना उसकी माँ के वश में नहीं था। दस वर्ष का बालक और इतने प्रश्न। माँ ने चार्ल्स को अपने भाई के पास भेज दिया। मामा एक चर्च में पादरी थे। बच्चों को काम देना, अनुशासित करना इसका उन्हें बड़ा अनुभव था। वे समझ गए चार्ल्स उस भूत की तरह है, जिसे काम में न लगा पाए तो लगातार प्रश्न ही पूछता रहेगा। चार्ल्स को उन्होंने चर्च के ग्रंथालय में बकाया कामों में लगा दिया। कपाटों की सफाई, ग्रंथों का रखरखाव ऐसे अनेक काम थे उनके पास। पर चार्ल्स तो चार-चार मजदूरों का काम अकेले कर जाता। मामा ने जिस काम के लिए महीने भर की छुट्टियों का समय तय किया था, चार्ल्स ने उसे एक सप्ताह में ही पूरा कर दिया।

अब मामा के सामने समस्या थी। भानजा खाली था और खाली दिमाग तो शैतान का घर होता है। इस शैतान के पास तो प्रश्नों की खदान थी। पादरी मामा जहाँ जाते, वहीं उनके पीछे पहुँच जाता और तरह-तरह के प्रश्न पूछता रहता। मामा ने चार्ल्स को व्यस्त रखने के लिए अनूठा काम दे दिया—'जाओ, बगीचे में से किसी भी पेड़ के दो पत्ते ले आओ। हाँ, दोनों बिलकुल एक जैसे होने चाहिए। कोई भी अंतर नहीं।' चार्ल्स को लगा, यह तो बड़ा सरल काम है। दौड़कर बगीचे में गया और एक

जैसे दिखनेवाले दो पत्ते ले आया। मामा ने गौर से देखा और अंतर ढूँढ़ लिया। सिलसिला चल पड़ा। चार्ल्स पत्ते ले आता और मामा कोई-न-कोई अंतर दिखा ही देते। किसी के डंठल में भेद था तो किसी का आकार, किसी का रंग गहरा होता तो कभी शिराओं की रचना भिन्न निकल आती।

अब चार्ल्स सुबह से शाम तक बाग में अटका रहता। उसने मामा के पास भी जाना बंद कर दिया। अब तो वह स्वयं ही कोई-न-कोई अंतर पकड़ लेता। इस तरह यह एक खेल हो गया कि एक समान लगनेवाले पत्तों में अंतर ढूँढ़ो। खेल-खेल में चार्ल्स को सृष्टि के अद्‍भुत नियम का साक्षात्कार हुआ। विश्व में लाखों पत्ते हैं। लाखों पेड़ों पर कोई भी दो पत्ते एक से नहीं हैं। प्रत्येक व्यक्ति अपने आप में अद्वितीय है। ईश्वर की इस अनुपम सृजनात्मकता का आनंद लेते-लेते चार्ल्स सोचने लगा इसके रहस्य के बारे में, इस सृष्टि की अद्वितीय रचना के बारे में। उसके चिंतन ने उसे तो विशेष बना ही दिया। यही चार्ल्स बड़ा होकर—'विकासक्रम के सिद्धांत' (Theory of evolution) का जनक चार्ल्स डार्विन बना। हाँ, वही डार्विन, जिसने बंदरों को हमारा पूर्वज बताया।

हमारी रुचि डार्विन के विकासवाद के सिद्धांत में नहीं है, पर उसके बचपन के अनुभव ने सिखाए सृष्टि के शाश्वत सिद्धांत में अवश्य है। जब पेड़ के दो पत्ते एक जैसे नहीं होते, विश्व की 7 अरब आबादी में से किन्ही भी दो लोगों की उँगलियों के निशान भी एक-दूसरे से नहीं मिलते; जो अभी जीवित हैं, केवल उनके ही नहीं, जो मर गए उनके भी। तो इन सब तथ्यों से यह तो स्पष्ट हुआ कि हम में से प्रत्येक अपने आप में अद्वितीय है। अत: जीवन का ध्येय व लक्ष्य निर्धारित करते समय किसी और के जैसा बनाने का विचार तो बेमानी ही है। जब हम अद्वितीय ही हैं तो हमें अपने स्वयं के ही वैशिष्ट्य को खोजना होगा न?

यह अद्वितीय होना नाक-नक्श या उँगलियों के निशान जैसी शारीरिक बनावट तक सीमित नहीं है, तो हमारे जीवन का उद्देश्य अद्वितीय है। इस विशिष्ट उद्देश्य के लिए केवल हमारा ही जन्म हुआ है। पर इतराने की कोई बात नहीं, क्योंकि जितने अद्वितीय हम हैं, उतने ही अन्य सभी हैं। हाँ, इसी कारण जीवन की इस अद्भुत लीला में हमारी भूमिका अद्वितीय है। जिस प्रकार शरीर के प्रत्येक अंग का अपना कार्य है, उसी प्रकार हमारा भी कार्य अद्वितीय है।

हमारा जीवन-ध्येय व कर्मक्षेत्र इस अद्वितीय उद्देश्य की प्राप्ति के लिए, अद्वितीय भूमिका को निभाने, अपने अद्वितीय कार्य को करने का माध्यम होगा। अतः आत्मविश्वास से ये जान लें कि कोई हमें कुछ भी कहे, पर सृष्टि का सिद्धांत तो यह ही कह रहा है—'तुम सा नहीं देखा'।

अद्वितीय! फिर भी सब एक ही है

एक कविहृदय व्यक्ति एक घने जंगल में गया। देखा तो चारों ओर विविधता से भरा संसार। कहीं गगनचुंबी वृक्ष, जिनकी ऊँचाई को नापना भी असंभव, तो दूसरी ओर छोटे-छोटे पौधे। वटवृक्ष से विशाल पेड़, जिनके तने को नापना तो छोड़ो, पूरा एक साथ देखना भी असंभव। उन्हीं शक्तिशाली बूंधों पर लहरातीं नाजुक सी बेलें। रंग भी कितने सारे—हलके हरे से लेकर देवदार के गहरे हरे तक, केवल हरे रंग की ही अगणित छटाएँ। फूलों के रंग तो इंद्रधनुष को भी लज्जा दें। शायद ऐसे ही किसी कवि ने लिखा होगा, 'ये कौन चित्रकार है?' सहसा मन इस रचना के रहस्यमय रचनाकार की ओर भी चला जाता है और कोई कवि कह उठता है, 'जिसकी रचना इतनी सुंदर वो कितना सुंदर होगा?'

'Web of Life' के लेखक फिट्जोफ काप्रा इस अद्वितीय विविधता के रहस्य को जानने का अनोखा मार्ग दरशाते हैं। ऊपर इतनी विविधता से

सजा यह जंगल—प्रत्येक पेड़, पौधा, वल्ली, पत्ता, फूल, फल सब स्वयं में अद्वितीय, कोई भी दो एक समान नहीं। पर कल्पना करें, इस जंगल को हम जमीन के अंदर से देख रहे हैं, बीस फीट नीचे से। सोचो, वहाँ से कैसा दिखेगा यह जंगल? ठीक कहा! वहाँ से तो केवल जड़े-ही-जड़ें दिखेंगी। मोटी-पतली, लंबी-छोटी जड़ें-ही-जड़ें और वह सब भी एक-दूसरे में गुँथी हुईं। एक विशाल जड़ों का जाल एक ही जीवनतत्त्व का रसपान कर पोषण पाता—एक जीवनजाल। ऊपर जंगल की समस्त विविधता को पोषित करता एक ही तत्त्व।

एक अंग्रेजी लेखक, जिसने बाद में अपना नाम लोबसांग रांपा रख लिया, अपनी लगन से तिब्बत के बौद्ध मठ में लामा बन गया। ल्हात्सा से ऊपर हिमालय की गहन कंदराओं में उसने अपने गुरु से दीक्षा प्राप्त की। जीवन की सामान्य सी घटनाओं से गूढ़तम तत्त्व को समझाने की गुरु की विधि उसे बड़ी रास आती थी। एक दिन गुफा के बाहर हिमालय की एक चोटी पर बैठे थे। शिष्य आकाश में असंख्य तारों को देख आश्चर्यचकित हो रहा था। हिमालय में तो तारे कुछ ज्यादा ही दिखाई देते हैं। वह अनगिनत तारका समूह, उनके चारों ओर भ्रमण करती ग्रहमाला, ऐसे अनेक तारकामंडलों से प्रचंड नीहारिकाओं में विस्तारित होता अनंत आकाश। गुरु ने पूछा, "क्या देख रहे हो?"

शिष्य बोला, "तारागण देख रहा हूँ।"

"अरे उस खाली जगह (रिक्तता); (Space) आकाश को क्या देखते हो?"

शिष्य बोला, "आकाश (रिक्तता) कहाँ है?"

गुरु ने कहा, "सर्वत्र वही तो है। दो तारों के बीच क्या है? आकाश! इस आकाश में ही तो ये सब आकाशगंगाएँ बिखरी हैं। कुल मिलाकर तारों के आकार से कई गुना बड़ा यह भकास (रिक्तता) रिक्त आकाश

ही तो है।" शिष्य आश्चर्यचकित देखता रहा। आकाश के अवकाश को निहारता रहा।

गुरु ने उसकी भाव-समाधि तोड़ी। बोले, "अरे, ऐसे क्या आश्चर्य से देख रहे हो? सर्वत्र यह खाली आकाश ही भरा पड़ा है।"

"यह क्या है?" गुरु ने कपड़े की ओर इशारा करके पूछा।

"वस्त्र है।"

"अच्छा ध्यान से देखो और करीब से देखो।"

थोड़ी देर देखकर विचारमग्न हो उसने कहा, "हाँ, अब समझा ये तो धागे हैं, एक-दूसरे में बुने हुए।"

"बिलकुल ठीक। अब धागों के ताने-बाने को देखो ध्यान से।"

शिष्य ने ध्यान से देखना शुरू किया। आड़े धागे को ताना कहते हैं और उसमें बुने खड़े धागे को बाना। ताने-बाने के जाल के मध्य खाली स्थान-आकाश। बिना गुरु के कहे ही वह समझ गया, यदि सूक्ष्मदर्शी से देखें तो पाएँगे कि कुल मिलाकर धागों के आकार से कई गुना बड़े आकाश (रिक्तता) को इस ताने-बाने के जाल ने जकड़ रखा है और हमें पूर्णतः भरे, पूर्ण अपारदर्शी कपड़े का आभास हो रहा है।

यही हाल ठोस दिखते शरीर का है। आँखें बंद कर ध्यान से अनुभव करें तो हम देखेंगे कि शरीर विभिन्न प्रणालियों से बना है। श्वसन प्रणाली, पाचन प्रणाली आदि। ये प्रणालियाँ बनी हैं अवयवों से, अवयव कोशिकाओं से, कोशिकाएँ भिन्न-भिन्न रसायनों से। फिर और सूक्ष्मता से देखें तो ये रसायन बने हैं अणुओं से, अणु परमाणुओं से। परमाणुओं की रचना तो हम जानते ही हैं। प्रोटोन व न्यूट्रॉन से बने केंद्र के चारों ओर भ्रमण करते असंज्य इलेक्ट्रॉन। देखा अपने शरीर में भी हम उसी आकाशगंगा के दर्शन कर सकते हैं, जो आसमान में दिखाई दे रही है। तो ठोस दिखते शरीर में भी कितना बड़ा आकाश व्याप्त है।

"तो क्या हम भी रिक्तता से भरे हैं? क्या सारा अस्तित्व अधिकांशतः रिक्त है?" शिष्य ने डरकर पूछा।

गुरु ने मंद-मंद मुसकराते हुए उज़र दिया, "पगले! आकाश भी कहाँ रिक्त है। जिसको तुम ठोस मानते थे, वो आकाश से भरा मिला। अब यह समझ लो कि वह सब एक ही चैतन्य से पूर्ण है। जो खाली दिखता है, वह भी और जो भरा दिखता है वह भी। सभी एक ही चैतन्य हैं। एक ही ऊर्जा। दिव्य, आलोकित चैतन्य!"

"ओह! तो यही (God) ईश्वर है। सबकुछ उसी से निकला है।" शिष्य ने समझने के आवेश में कहा।

गुरु जोर से हँसे, "अब तुम नाम चाहे जो लो, ईश्वर कहो या और कुछ, सब है एक। सब पूर्ण, अनंत, अखंड एक! ना खाली, ना भरा, ना विविध, ना भिन्न! जड़ में जाकर देखो सब एक ही है।"

यही सृष्टि का नियम है। प्रत्येक अद्वितीय रचना जड़ में उसी एक पूर्ण का अंग है। अर्थात् हम अद्वितीय तो हैं, पर विलग नहीं। अनंत, अखंड, पूर्ण के विविध अद्वितीय अंग हैं।

जीवन की दिशा तय करते समय इन दोनों बातों का भान रखना होगा और एक तीसरी बात का भी। इस अद्वितीय अंग का अखंड एक पूर्ण से संबंध क्या है?

नियम तो नियम ही है

'घास का तिनका कैसे उगता है?' केंद्र के आवासीय व्यक्तित्व विकास शिविर में आए जिज्ञासु बालक ने कार्यकर्ता से प्रश्न पूछा कि हम भोजन से पहले यह मंत्र क्यों करते हैं। उज़र का प्रारंभ भी प्रश्न से करने से जिज्ञासु अधिक ध्यान से सुनता है और समझता भी है। संस्कारों के इस विज्ञान का अनुसरण करते हुए कार्यकर्ता ने प्रतिप्रश्न किया था। घास

का तिनका कैसे उगता है ?

उज़र जितना सरल लगता है, उतना था नहीं। जब कुछ क्षण बालक सोचता रहा तब कार्यकर्ता ने स्वामी विवेकानंद के 'ज्ञानयोग' पुस्तक में पढ़े विचार को बताना शुरू किया—घास के एक तिनके के लिए भी पूरी सृष्टि कार्य कर रही है, सूर्य तपता है तब सागर, ताल, नदियों का जल भाप बन बादल बनता है, वायु इन बादलों को अपने साथ सब जगह ले जाती है, पहाड़-पेड़ जब इन बादलों को रोकते हैं तब वर्षा होती है। बारिश के पानी से धरती के पेट में पड़े सूखे बीज में अंकुर फूटते हैं। धरतीमाता पोषक रसायनों के भंडार से उस अंकुर का पोषण करती है तब घास का तिनका उगता है।

जगत् का एक परमाणु भी अपने संग सारी सृष्टि को लेकर ही गति करता है। आधुनिक विज्ञान के नए-नए प्रयोग सिद्ध कर रहे हैं कि सारा जगत् आपस में जुड़ा हुआ है। पर्यावरण में दिखाई देते परिणाम बताते हैं कि सारा जगत् एक-दूसरे से गहरे संबंध में बँधा है। जापान में सुनामी से परमाणु संयंत्र में खराबी आती है, प्रशांत महासागर के दूसरे तट पर अमेरिका में दुष्परिणाम देखे जा सकते हैं, तो ये जगत् केवल भौतिक रूप से जुड़ा ही नहीं है, इसका आपस में संबंध भी है। जैविक संबंध जैसा शरीर के अंगों का आपस में होता है और इस जगत् में सब आपस में एक-दूसरे पर निर्भर भी हैं। जीवन, पोषण और मरण के लिए पूर्णतः निर्भर है। हमने अपने आप को समझने के प्रयास में सृष्टि के तीन मूलभूत शाश्वत सिद्धांतों को समझा है—

1. सारी सृष्टि 'एक' ही है। ऊपर दिखनेवाली समस्त विविधता उस एक पूर्ण की ही अभिव्यक्ति है।
2. विविध रूप में प्रकट एक पूर्ण के सब अंग अपने आप में अद्वितीय हैं, कोई भी दो एकसमान नहीं हैं। हम मनुष्य भी

उसी एक की अद्वितीय अभिव्यक्ति हैं। हमारी रचना, कार्य व भूमिका तीनों विशिष्ट हैं। हमारे अपने स्वभाव के अनुसार हैं। कितना भी प्रयास करें, हम किसी की नकल नहीं कर सकते।

3. यह पूर्ण और सभी अंग, अर्थात् सृष्टि में जो भी हैं, वे सब परस्पर आपस में जुड़े हैं, केवल भौतिक रूप से ही नहीं, जैविक संबंध में बँधे हैं और अपने अस्तित्व के लिए परस्पर निर्भर भी हैं।

अस्तित्व के इन नियमों को समझकर उसके अनुरूप अपने जीवन के लक्ष्य, दिशा व कार्य को ढालने से जीवन में सफलता एवं सार्थकता, दोनों मिल सकते हैं। हमने बात भोजनमंत्र से आरंभ की थी। हमारी थाली में प्राप्त भोजन के पीछे कितने लोगों का प्रत्यक्ष या अप्रत्यक्ष श्रम लगा है। तपते सूरज, बादल, वायु और पहाड़ के साथ ही हम कहाँ जानते हैं कि किस किसान के पसीने की बूँदों ने धरती से यह अनाज पैदा किया और कितने मजदूरों की पीठ पर लदकर हमारे घर तक पहुँचा? माँ ने और उसकी सहायता करने वाले लोगों ने उसे पकाया; सुस्वादु, सुपाच्य, रुचिकर बनाकर हमारी थाली तक पहुँचाया। इन सब के प्रति अपना आभार व्यक्त करने का प्रयास है—भोजन मंत्र। सबको तो हम जानते नहीं, अत: उनके अंदर के सबको जोड़ने वाले तज़्व ब्रह्म की प्रार्थना करते हैं—

"ब्रह्मार्पणं ब्रह्महवि: ब्रह्माग्नौ ब्रह्माहुतम
ब्रह्मैव तेन गन्तव्यं ब्रह्मकर्म समाधिना"

यह जो भोजन के रूप में हमारा जीवन-यज्ञ चल रहा है, उसमें सबकुछ ब्रह्म ही है। अर्पण करनेवाला, आहुति में डाली समिधा-हवि, यज्ञ की अग्नि सबकुछ वही एक ब्रह्म है और इस यज्ञ से प्राप्त ऊर्जा भी उसी के कर्म में लगी है।

गढ़ें अपना जीवन

प्रत्येक कर्म में जीवन के नियम उतर जाएँ, ऐसा प्रयास है यह भोजन–मंत्र। अब हम में से कोई कहेगा, मुझे यह नियम पता नहीं, फिर हम पर तो इसका बंधन नहीं न है? ये तो ऐसी ही बात हुई कि किसी पथिक को पूछा कि सूर्य किधर से उगता है? तो उसने कहा, मुझे नहीं पता, मैं इस गाँव में नया हूँ। हमारे अज्ञान से सृष्टि के नियम तो नहीं बदल जाएँगे। अब कोई कहे, मुझे गुरुत्वाकर्षण का नियम नहीं पता। मैं नहीं जानता कि ऊपर से हर वस्तु नीचे ही क्यों गिरती है? ऐसे व्यक्ति को कहें, कोई बात नहीं, थोड़ा छत से छलाँग लगाकर देखो। टूटी टाँग गुरुत्वाकर्षण का नियम सिखा देगी। न्यूटन के सिद्धांत को जानें या न जानें, दोनों स्थितियों में नियम तो प्रभावित करेगा ही। उसी प्रकार अस्तित्व के शाश्वत नियम हमारे जीवन में कार्य कर रहे हैं, हमारे जाने या अनजाने। यदि हम समझकर इन्हें अपने जीवन में ढाल लेते हैं तो अपना चरित्र गढ़ने लगते हैं। नियम तो नियम ही हैं। हम उन्हें जानें। उनका पालन करें, इसी में हमारा हित है।

□

3

जीवन गठन के आंतरिक साधन

'असंभव! यह हमसे नहीं होगा।' युवाओं के सामने चुनौती रखने पर पहली बार ऐसी प्रतिक्रिया पाने की उनको आदत थी। और फिर बात भी ऐसी ही हो रही थी। अंग्रेजी साम्राज्य की राजधानी लंदन में बैठकर उनके ही बड़े अफसर से उसकी भारत में की गई ज्यादतियों का हिसाब माँगना। अपनी माँ-बहनों के अपमान का प्रतिशोध लेना। बात से तो सब सहमत थे, पर क्या लंदन में यह संभव है? सभी अनुभवी क्रांतिकारियों का मत था कि अभी उनके दल की ऐसी स्थिति नहीं थी कि ऐसा कोई बड़ा कार्य सीधे हाथ में लिया जाए। बैठक में तर्कपूर्ण बातों पर ही निर्णय होता है। सावरकर को भी सबकी बात मानकर योजना को स्थगित करना पड़ा। पर उनकी भाव-भंगिमा से साथियों को पता चल ही गया कि वे इस निर्णय से प्रसन्न नहीं हैं। सब धीरे धीरे खिसक गए। केवल मदन बैठा रहा। सबसे छोटा तो था ही, पूरे दल में नया भी था। इसलिए बैठक में कुछ नहीं बोला था।

उसे याद आ रहा था सावरकर से प्रथम भेंट का प्रसंग। युवा मदनलाल अपने पिता की अमीरी के मद में चूर लंदन में पढ़ाई के बहाने रह रहा था

और नाच-गाने, मस्ती में लगा रहता था। तब यह भोग ही उसे जीवन का सबसे बड़ा सुख अनुभव होता था। एक दिन उसने अपने देशी-विदेशी युवा-युवतियों के दल के साथ इंडिया हाउस के नीचे महफिल जमा ली। ग्रामोफोन की धुन पर सब थिरक रहे थे। ऊपर क्रांतिकारी दल की बैठक चल रही थी। एक भारतीय युवा इस अय्याश दल का नेता है, यह सुनकर स्वयं सावरकर नीचे उतर आए। अचानक ग्रामोफोन के बंद होने से मदन भड़क उठा। जोर से चिल्लाया भी, "कौन है?" पर उसे आज भी याद है लड़ने के लिए जैसे ही वह ग्रामोफोन की ओर मुड़ा, इस दुबले-पतले शरीर के महामानव से आँखें भिड़ गईं। क्या आँखें थीं वे! आज भी कई बार सपने में दिखाई देती हैं। उस तेज के सामने हृष्ट-पुष्ट पहलवानी काया का मदन भी स्तब्ध रह गया। और फिर वह कलेजे को चीरता प्रश्न, "क्या इसी के लिए तुम्हारी माँ ने तुम्हें जन्म दिया? तुम्हारी भारतमाता परतंत्र है और तुम मस्ती में डूबे हो। क्या यही तुम्हारे जीवन का उद्देश्य है?" उस समय तो गरदन झुकाकर उन तेजस्वी आँखों के अंगारों से दूर चला गया मदन, पर प्रश्न मन में कौंधता रहा। और फिर उसी में से जीवन का उद्देश्य भी मिला व प्रेरणा भी। मदन क्रांतिगंगा में सम्मिलित हो गया। अनेक परीक्षाओं के बाद आज उसे अंतरंग मंत्रणा में बैठने का पहला अवसर मिला था। बैठक के तर्क तो उसे कुछ-कुछ समझ आए थे, पर उससे अधिक समझ में आई थी कार्य की अनिवार्यता। मन में तो ठान ही लिया। "सावरकर, व्यक्ति बलिदान के लिए कब तैयार होता है?" प्रकटतः तो मदन ने केवल यही प्रश्न पूछा।

सावरकर ने कहा, "मदन, यह जोश का काम नहीं है। इसके लिए आंतरिक प्रेरणा चाहिए। नारे लगाने की वीरता नहीं है यह, इसमें योगेश्वर कृष्ण सा गांभीर्य चाहिए।"

"मैंने कब कहा कि मैं कुछ करनेवाला हूँ। समिति के निर्णय से मैं

सहमत हूँ कि अभी ऐसी किसी योजना की आँच समिति पर नहीं आनी चाहिए। क्रांतिकारियों की बड़ी योजना में यह बाधक होगा। मैं तो केवल सैद्धांतिक प्रश्न पूछ रहा हूँ कि व्यक्ति बलिदान के लिए कब तैयार होता है?"

"जब वह स्वयं प्रेरणा से ठान ले तब!" सावरकर ने भी संक्षिप्त सा उत्तर दिया। मदन ने कैसे समिति से अपना संपर्क तोड़ लिया, कैसे अकेले तैयारी की और कैसे दुष्ट कर्जन वायली को मृत्युदंड की सजा दी। यह सब तो आज नहीं बताएँगे। आपको मदनलाल धींगरा की जीवनी में यह सब स्वयं पढ़ना पड़ेगा। आज तो यह प्रसंग इसलिए चल पड़ा, क्योंकि चरित्र-निर्माण की कड़ी में आज का विषय है, लक्ष्यवेध का प्रथम आंतरिक साधन।

प्रेरणा

प्रेरणा जीवन ही बदल देती है। इसी प्रेरणा के द्वारा मस्ती में डूबा युवा योगेश्वर का सामर्थ्य प्राप्त कर मातृभूमि पर बलिदान होने का सौभाग्य प्राप्त करता है। गंगा के तट पर एअर फोर्स में प्रवेश परीक्षा में असफलता के कारण निराशा में आत्मघाती विचारों में बैठे अब्दुल को कोई स्वामी शिवानंद मिल जाता है। गीता की प्रेरणा दे जाता है और भारत को 'मिसाइल मैन' मिल जाता है। 1965 के युद्ध में अपने सब साथियों के बलिदान के बाद स्वयं को ही जीवित बचा देख जीवन से हताश सेना के सीधे-सादे ड्राइवर को अहमदनगर के स्टेशन पर चने की भुंगली में स्वामी विवेकानंद के कर्मयोग का कागज पढ़ने को मिलता है और जीने की प्रेरणा मिल जाती है। भारत के निराश यौवन को नया गांधी मिल जाता है। अन्ना हजारे स्वयं लाखों की प्रेरणा बन जाते हैं।

प्रत्येक सफलता का कारण प्रेरणा ही होती है। तुलसी और कालिदास

के जीवन में पत्नी से मिली झिड़की का अपमान कवित्व की प्रेरणा बन रसधारा में बह उठता है। तो माता से पिता की गोद छिन जाने का अपमान ध्रुव की अडिग साधना के प्रेरणा बन जाता है।

सतर्क मन में ही अधिक कुतर्क आते हैं। आधुनिक विज्ञाननिष्ठ युवा के मन में कुलबुला रहे प्रश्न को हम जानते हैं। आप पूछें इससे पहले हम ही पूछ लेते हैं, ''क्या प्रेरणा के लिए हमें भी किसी घटना की प्रतीक्षा करनी होगी? मदनलाल, ए.पी.जे. या अन्ना के समान सकारात्मक या तुलसी या ध्रुव के समान अपमानकारक?''

निश्चित ही यह नहीं हो सकता कि प्रत्येक के जीवन में किसी हादसे से ही प्रेरणा का जागरण हो। वास्तव में हम सबके जीवन में प्रेरणा तो कार्य कर ही रही होती है। बिना प्रेरणा के कोई भी कार्य संभव नहीं, किंतु जब जीवन के लक्ष्य को प्राप्त कर सकें, ऐसी तगड़ी प्रेरणा की बात करनी है तो उसका वैज्ञानिक विधि से विकास किया जा सकता है। शिवाजी, स्वामी विवेकानंद जैसे महापुरुषों के जीवन में यह संस्कारों से विकसित स्थायी प्रेरणा कार्य करती हुई दिखाई देती है। माता जिजाऊ तथा गुरु श्रीरामकृष्ण परमहंस की शिक्षा पद्धति आज भी सभी अभिभावकों व शिक्षकों के लिए आदर्श है। उस शिक्षा-विज्ञान पर फिर किसी और प्रयोजन में बात होगी। आज तो प्रेरणा के विकास का विज्ञान देखते हैं।

प्रेरणा भाव से उत्पन्न होती है विचार से नहीं। किंतु आज के युग में हम इतने तार्किक हो गए हैं कि कई बार विचार ही भाव का ट्रिगर बन जाता है। प्रेरणा कुछ पाने की भी हो सकती है और कुछ देने की भी। पद, पैसा, प्रतिष्ठा पाने की प्रेरणा जीवन की प्रतिस्पर्धा में ईंधन का काम करती है। व्यावसायिक लक्ष्यसिद्धि में यह सहायक भी होती है। पर देखा गया है कि यह स्थायी नहीं होती और असफलता में घोर हताशा का कारण बनती है। अनेक संपन्न लोगों के जीवन में रिक्तता के कारण पैदा हुए

विषाद (Depression) में हम इसे देख सकते हैं। अनेक रोगों को भी ये जन्म देती हैं।

देने की प्रेरणा अधिक स्थायी और प्रभावी होती है। परिवार को आधार अथवा सज़्मान प्रदान करना, समाज में कुछ योगदान देना, ज्ञान-विज्ञान के क्षेत्र में नए आविष्कार करना, देश की रक्षा, सेवा व सज़्मान में अपनी आहुति देना—ये प्रेरणा के तज़्व बड़े जीवनलक्ष्य के वेध में सहायक हो सकते हैं। एक व्यक्ति के जीवन में ये दोनों प्रेरक तज़्व कार्य कर रहे हो सकते हैं। जैसे एक खिलाड़ी पैसे और प्रतिष्ठा के लिए तो खेलता ही है, पर उसका सर्वोज़म तो तब प्रकट होता है जब वह अपने देश के सज़्मान के लिए खेलता है। विंबलडन व अमेरिकन ओपन जैसी प्रतियोगिताओं में प्रचंड पुरस्कार राशि की प्रेरणा के होते हुए भी दूसरे राउंड से आगे न जा पानेवाले भारतीय टेनिस खिलाड़ी देश के लिए खेलते हुए डेविस कप में विश्व के ऊँचे-से-ऊँचे खिलाड़ियों को मात दे देते हैं। इसके पीछे के रहस्य के बारे में पूछने पर, ''कुरसी पर बैठा रेफरी हर अंक में भारत का नाम लेता है, तो मेरा हर अंक भारत को समर्पित है, यह बात खेल को अलग ही स्तर पर ले जाती है'', ऐसा बताते हैं। हम भी भाव के उचित संस्कार से अपनी प्रेरणा को राष्ट्रार्पित कर सकते हैं। इसी से हमारा सर्वोज़म प्रकट होगा। इसके लिए देशभक्ति गीत, देशभक्तों की जीवनियों का पठन, संकल्पपूर्वक देश के लिए प्रतिदिन कुछ करना—ये उपाय हैं। एक और बात, पोषक वातावरण में ही प्रेरणा का विकास होता है। इसलिए सही संगत भी अत्यावश्यक है। हमारी प्रेरणा का विस्तार देश के स्तर तक होने के लिए आवश्यक है कि हम ऐसे भाववाली टोली का हिस्सा बनें अथवा ऐसी टोली बनाएँ। प्रेरणा के स्रोत माता-पिता, गुरु, मित्र, संबंधी कोई भी बन सकते हैं, पर इसका सुनिश्चित स्रोत तो हम स्वयं ही हैं। अत: प्रेरणा तो वही स्थायी है, जो स्वयंप्रेरणा हो। इसके विकास के लिए

नित्य आत्मावलोकन आवश्यक है। रोज सोने से पूर्व पाँच मिनट भारतमाता का ध्यान करें और फिर अपने दिन की समीक्षा करें।

छलाँग तो लगानी पड़ेगी!

छलाँग तो लगानी ही पड़ती है। साधारणत: जीवन में किसी बड़े निर्णय को लेने के बाद भी जब व्यक्ति उस दिशा में पहला कदम से डरता है तो उसे ऐसे ही समझ दी जाती है। तैरना सीखने के लिए भी तो पहले पानी में उतरना ही पड़ेगा न? कहते हैं कि धक्का देकर पानी में डाल दो तो बच्चा भी अपने आप तैरना सीख ही लेता है। कितनी भी सोच-समझ या प्रेरणा से जीवन में कार्य करने की दिशा और क्षेत्र चुन भी लिया, तब भी सारी बात तो इसी पर निर्भर होगी कि पहला कदम उठाया जाए। कहते ही हैं न कि कितनी भी लंबी यात्रा हो, प्रारंभ तो एक कदम से ही होता है। यही सबसे महज्त्वपूर्ण होता है। यही वह छलाँग है, जो सफलता की संगिनी है।

वीरता

जटायु के बड़े भाई संपाति ने अपनी दूरदृष्टि से सागर पार देखकर बता तो दिया कि श्रीलंका में अशोक वाटिका में माता सीता बैठी हैं। तो लक्ष्य निश्चित हो गया। कार्य भी स्पष्ट है। प्रभु का संदेश सीतामैया को पहुँचाना है और उनका कुशलक्षेम जानकर प्रभु को बताना है। लक्ष्य भी स्पष्ट और कार्य भी स्पष्ट। जांबवंत के वचनों से अंत:प्रेरणा का जागरण भी हो गया—'रामकाज लगि तव अवतारा। सुनतहि भयहु पर्वताकारा।' रामकार्य के लिए तुज़्हारा जन्म हुआ है, इसका स्मरण होते ही हनुमानजी की शक्ति का जागरण हुआ। पर केवल इतने से ही काम नहीं बनता। हनुमानजी को महावीर ऐसे ही नहीं कहते। वीरता के सभी आवश्यक

गुण उनमें विद्यमान हैं। साहस, धैर्य, बल और विवेक चारों का अद्‌भुत मिश्रण ही इस कपिश्रेष्ठ को 'महावीर' बनाता है।

पर्वताकार हो जाने के बाद वे अपनी पुनर्जाग्रत् शक्ति को प्रकट करने लगे। जांबवंत को कहने लगे—'बताइए अब मैं क्या करूँ? आप कहो तो पूरी लंका को ही उखाड़ लाऊँ? या रावण के सभी सहायकों के साथ उसका विनाश कर दूँ?' पर वीरता तो कार्य को उचित मात्रा में करने में ही होती है। इसलिए जाबवंतजी ने कहा कि अभी तो तुमको केवल इतना ही कार्य करना है कि माता सीता को ढाढ़स बँधाना है और वापिस आकर उनकी स्थिति के बारे में रामजी को सूचना देनी है। साहस का अर्थ यह नहीं कि मनमानी करें। दल के नेता की आज्ञा के अनुसार पराक्रम करने के लिए साहस के साथ ही धैर्य भी चाहिए। फिर इसका अर्थ यह भी नहीं कि अपनी बुद्धि का प्रयोग ही नहीं करना है। दो काम बताए थे, पर जब लंका आ ही गए तो लगे हाथ शत्रु की सेना का आकलन भी कर लिया।

'हनुमान चालीसा' में हम गाते हैं, ''प्रभु मुद्रिका मेली मुख माही। जलधि लाँघि गए अचरज नाही।।'' यदि इस समुद्र लाँघनेवाली छलाँग को ध्यान से समझें तो हम अपने चरित्र-निर्माण के लिए महज़्वपूर्ण संकेत प्राप्त कर सकते हैं। सबसे पहले तो पिता के मित्र मैनाक पर्वत ने मित्रतापूर्ण विघ्न डाला। 'आओ कुछ क्षण विश्राम करो!' पर कार्य में विघ्न डालते सुख को ठीक से समझकर वीर उससे बच निकलता है। पवनपुत्र ने पिता के मित्र को विनम्रता से उज़्र दिया, ''राम काजु कीन्हे बिनु मोहि कहाँ विश्राम!'' कार्य के प्रति यह लगन वीरता का लक्षण है। सुरसा और छाया के विघ्नों को विवेकपूर्ण बुद्धि से जहाँ आवश्यक वहाँ छोटा बनकर पार किया और लंकिनी के लिए ऐसे बल का प्रयोग किया कि एक ही मुट्‌ठी के प्रहार में उसे चित कर दिया। जैसा विघ्न वैसा ही उपाय। यह वीरता

है। सब समय आवेश और शक्ति का ही प्रयोग नहीं, तो जहाँ जो उचित हो उस प्रकार से समस्या का समाधान करना।

हमारे भी जीवन में रोज अनेक ऐसे प्रसंग आते हैं, जहाँ हमें छलाँग लगानी होती है। पर वीरता अपने आप नहीं आती है। अपने आप तो कुछ भी नया करने में संकोच और कुछ-कुछ भय भी लगता है। जिस कमरे में अँधेरा हो, उसमें प्रवेश करने में भी तो हिचकिचाहट होती है। पता नहीं क्या होगा अँधेरे में और मन सहज ही विपरीत से विपरीत कल्पनाएँ करता है और भय को बढ़ाता है। एक तो अज्ञात का भय और दूसरा आलस, ये हमें छलाँग लगाने से रोकते हैं। आलस केवल शारीरिक ही नहीं होता। मन का आलस बड़ा होता है। पर यदि नए प्रयोग नहीं करेंगे तो हमें हमारी क्षमताओं का परिचय कैसे होगा? यदि पानी में ही नहीं उतरेंगे तो तैरेंगे कैसे? अत: मन को संस्कार देना होता है कि नए काम करें। प्रयत्नपूर्वक कुछ-न-कुछ नया करते रहना, ताकि जब कार्य के लिए कुछ नया करना पड़े तो मन हिचकिचाए नहीं। साहस का संस्कार जितना बचपन में हो उतना सहज और पक्का होता है। क्योंकि एक बार मन में तरह-तरह के भय भर गए तो फिर उनको हटाना ही बड़ा काम हो जाता है।

धैर्य

धैर्य तो बाद में आ जाएगा पर पहले साहस और पराक्रम विकसित होना चाहिए। बिना साहस के धैर्य तो भीरुता है और शौर्य के साथ धैर्य है वीरता। हम सब जीवन में स्थायित्व लाना चाहते हैं। Sattle होना चाहते हैं। सारे व्यावसायिक लक्ष्य Carrier की योजना जीवन को स्थिर करने के लिए हैं। यह तो होना ही है समय के साथ हो भी जाएगा। पर बचपन में या युवावस्था में ही यह मानसिकता बना लेने से वीरता का विकास नहीं होता। व्यवसाय में भी विशिष्ट सफलता तो वीरों को ही मिलती है,

जो साहस करते हैं। जिसे आधुनिक भाषा में Risk कहते हैं। चुनौती के बिना प्रगति की कल्पना ही नहीं कर सकते। धैर्य का अर्थ है परिस्थिति को भाँपकर प्रतीक्षा करने की क्षमता। समय के अनुरूप ही साहस विजय देता है। कई बार सही समय की प्रतीक्षा करने का धैर्य नहीं होने के कारण सामर्थ्य और पूर्ण योजना के बाद भी अपेक्षित परिणाम नहीं मिलते।

विवेक

14 साल की आयु के शिवाजी तोरणगढ़ के किले पर हमले की योजना बनाते हैं और सफलतापूर्वक स्वराज्य की पहली विजय प्राप्त करते हैं। सोचिए, आज 14 साल का बालक 10वीं कक्षा में होता है। अपनी पढ़ाई में आगे क्या विषय लेने हैं, इसका निर्णय लेने का साहस भी हम 10वीं तक विकसित नहीं कर पाते हैं। जिस विधि से शिवाजी जैसे वीरों का निर्माण होता है वही है, यह साहस और धैर्य के उचित सदुपयोग की विधि। कब, कहाँ, किसका प्रयोग करना है इसके निर्णय के लिए विवेक। यह सब सिद्धांत जानने से ही विकसित नहीं हो जाते, उसके लिए व्यवहार में अज़्यास करना होता है। गलतियाँ भी होंगी। कुछ नुकसान भी हो सकता है, पर निराश होने की आवश्यकता नहीं। यदि सही सबक सीख लिया तो ये छोटे-मोटे नुकसान तो उस सीख की ट्यूशन फीस मात्र हैं। जीवन में प्रयोग करने के लिए तत्पर होना चाहिए। जिस बात का भय लगता हो, उसे करके देख लेने से ही भय दूर होगा। वीरों की जीवनियाँ पढ़ने से भी मन तैयार होता है।

महावीर हनुमान को अपने जीवन का आदर्श बना लें और सोचें, इस स्थिति में मेरे स्थान पर पवनसुत होते तो क्या करते? राह मिल ही जाएगी। वीरतापूर्ण अपना जीवन गढ़ने का मंत्र तो यही है 'छलाँग तो लगानी ही पड़ेगी।'

क्या हम तत्पर हैं?

एक गुरुकुल में दो शिष्य थे—सुहृत और सुकृत। सुकृत बड़ा विद्वान् था। जो भी पाठ पढ़ाया जाता, तुरंत याद कर लेता और अतिरिक्त अध्ययन भी बहुत करता था। आचार्यों से चर्चा में भी आगे ही रहता था। सुहृत पढ़ने में तो साधारण था, पर कुलगुरु का बड़ा प्रिय था। वे अकसर कहा करते थे कि यह तो धर्म का मर्म जानता है। दोनों गहरे मित्र थे। फिर भी सुकृत के मन में बार-बार आता था कि सुहृत में ऐसा क्या है, जो उसे गुरुजी का प्रिय बनाए हुए है। मैंने सारे धर्मशास्त्र पढ़ लिये हैं, मित्र से अधिक सूत्र मुझे याद हैं, फिर भी संभवत: मर्म को मैं नहीं जान पाया। ये मर्म क्या है ? एक बार किसी अत्यावश्यक कार्य से सुकृत को पास के किसी नगर में भेजा गया। जाने से पहले उसने सुहृत को कहा कि वो भी साथ चले, ताकि साधन-भजन में सहायता हो जाएगी। सुहृत ने जो उज़्र दिया, उससे स्पष्ट हो गया कि वह क्यों सबका प्रिय है। उसने कहा, ''मैं साथ तो चल सकता हूँ। भजन-जप भी साथ में कर सकता हूँ, किंतु सहायता की कोई संभावना नहीं है। इस मामले में कोई किसी की सहायता नहीं कर सकता। न गुरु, न शास्त्र, न मित्र! ये सब अधिक-से-अधिक साधना का पथ बता सकते हैं, पर चलना तो स्वयं को ही पड़ेगा। स्वयं के चलने से ही लक्ष्य तक पहुँचेंगे।'' यही है धर्म का मर्म—'हम स्वयं ही अपने सहायक हैं।' और हाँ, गीता में भगवान् श्रीकृष्ण कहते हैं—अपने शत्रु भी हम हैं और बंधु भी। आत्मैव ह्यात्मनो बंधुः आत्मैव रिपुरात्मनः।

चरित्र गठन की प्रक्रिया को समझने में हमने अभी तक के अध्यायों में देखा कि जीवन का निश्चित उद्देश्य है, लक्ष्य है, पर प्रत्येक का अपना अलग-अलग और अद्वितीय है। एक दिव्य तत्त्व से ही उपजे और जुड़े इस संसार में प्रत्येक की भूमिका अपने आप में विशिष्ट है और उसे पहचानकर निभाने में ही जीवन की सार्थकता है। यह भी कि

हमारा जीवन अपनी ही बड़ी इकाइयों से जुड़ा होने के कारण हमें अपना जीवन-ध्येय और कार्य अपने परिवार, समाज और राष्ट्र के ध्येय व कार्य के अनुरूप रखना होगा। इससे चरित्र गठन में सहजता भी होगी और हमारी उपलब्धियों की पूरे विश्व में सार्थकता होगी। पर इन सबको करने के लिए हमारा एकमात्र साधन है हमारा अपना व्यक्तित्व। यही हमारा वाहन है, जो हमें गंतव्य तक पहुँचाएगा। यही हमारा अस्त्र है, जिससे हमें लक्ष्यवेध करना है।

श्रद्धा

हमारे व्यक्तित्व के विकास के बारे में विचार करते समय हमने सबसे पहले आंतरिक उपकरणों पर विचार किया। हनुमानजी की जलधि लाँघती छलाँग से हमने देखा था कि प्रेरणा, वीरता, धैर्य और विवेक इनके बल पर हम भी अपने जीवनसागर को और उसमें आनेवाली समस्त बाधाओं को खेल-खेल में पार कर सकते हैं। आप जैसे आधुनिक साथी पूछना चाहेंगे कि यह सब तो ठीक है, किंतु इन आंतरिक उपकरणों का विकास कैसे किया जाए? तो हनुमानजी को ही पूछते हैं कि इतना कठिन कार्य उन्होंने कैसे कर लिया? जब वानरदल माता सीता की खोज का शुभ समाचार लेकर किष्किंधा पहुँचा तो महाराज सुग्रीव के साथ सब रामजी के पास पहुँचे। सारा समाचार सुनकर भगवान् का हृदय बजरंगबली के प्रति प्रेम से भर आया और वे उनसे सारा वृत्त विस्तार से समझना चाहते थे कि कैसे महाबली रावण की लंका को भस्मसात् कर आए? तब हनुमानजी सारा श्रेय श्रीरामजी को ही देते हैं। प्रभु इसमें मेरी कोई बड़ाई नहीं है, यह सब आपका ही प्रभाव है। मैं क्या कर सकता हूँ? जन्म का बंदर हूँ, शाखा से शाखा पर जाता रहता हूँ, वैसे ही छलाँग वहाँ भी लगा दी। इस उज़्र में व्यक्तित्व के आंतरिक विकास का रहस्य छिपा है।

स्वामी विवेकानंदजी कहते हैं, ''अंत:करण में सारे चमत्कारों की संभावना है और इस चमत्कारी शक्ति का रहस्य है श्रद्धा! श्रद्धावान् मनुष्य बाधाओं के हिमालय सहज पार कर लेता है। समुद्र को पी जाने की शक्ति रखता है। नचिकेता के समान हँसते-हँसते मृत्यु का सामना कर लेता है।'' महावीर हनुमान के अलावा कठोपनिषद् का वीर हीरो नचिकेता स्वामीजी का प्रिय आदर्श था। वे कहा करते थे, ''मुझे 100 नचिकेता दे दो और मैं विश्व का कायापलट कर दूँगा।''

इस दस वर्षीय बालक नचिकेता के जीवन को समझने से हम श्रद्धा के जागरण का तंत्र समझ सकते हैं। बालक के पिता वाजश्रवा माने हुए ऋषि थे, समय-समय पर बड़े-बड़े महायज्ञ किया करते थे और इसी के लिए ज़्यातिप्राप्त थे। एक समय के यज्ञ में बालक नचिकेता पिता का भ्रष्टाचार देखकर विचलित होता है। वह देखता है कि अपने पूज्य पिताजी ब्राह्मणों को मृतप्राय गायें दान में दे रहे हैं। पीतोदका, जितना पानी पीना था पी लिया, दग्धतृणा, अब घास भी खाने की शक्ति जिनमें नहीं बची और वंध्या, जो बाँझ हैं; ऐसी पूर्णत: निरुपयोगी गायों का दान तो याचक का बोझ बढ़ाना है। ममता के कारण तटस्थ रहने के स्थान पर बालक नचिकेता श्रद्धा से भर गया। श्रद्धा से प्रेरणा पाकर वह पिता से प्रश्न पूछने का साहस कर पाता है। पर अपना धैर्य और विवेक नहीं खोता। पिता पर आरोप नहीं लगाता, केवल उनसे विनम्रता से प्रश्न पूछता है।

आत्मावलोकन

महायोगी अरविंद कहते हैं, ''श्रद्धा प्रश्नहीन विश्वास नहीं है। अंधानुकरण नहीं है। श्रद्धा तो प्रश्न पूछने का साहस प्रदान करती है अपने-आप से और अपनों से। 'समाधान अवश्य मिलेगा' इस विश्वास के साथ प्रश्न पूछना श्रद्धा है।' तो श्रद्धा का पहला अंग है 'आत्मावलोकन'। श्रद्धावान्

स्वयं का यथातथ्य आकलन करता है।'' श्रद्धा से आविष्ट नचिकेता भी पिता से संवाद यहाँ से ही प्रारंभ करता है—मैं बहुतों से बढ़कर हूँ और बहुतों से कम भी हूँ। मैं ना तो सर्वप्रथम हूँ, पर न ही अंतिम। अर्थात् मैं कुछ तो योग्य हूँ। आप मुझे किसे दान में देंगे? यह आत्मावलोकन है। वृथा अभिमान नहीं कि मैं धर्म जानता हूँ, आप गलत हैं। कोई अभिमान नहीं। पर झूठी विनम्रता के नाम पर स्वयं का अवमूल्यन भी नहीं। नियमित आत्मावलोकन से आत्मविश्वास जगता है, जो श्रद्धा के जागरण का माध्यम बनता है।

नचिकेता ने पिता से पूछा तो ऐसे अपने प्रिय सुयोग्य पुत्र को आप किसे दान देंगे। पिता ने संभवत: झल्लाकर या टालने के लिए कह दिया, 'मृत्यवे ते ददामि।' जैसे गुस्से से कभी माँ कह देती है न 'जा मर!' नचिकेता के पिता ने कह दिया, मैं तुझे मृत्यु को दान देता हूँ। सुननेवाले सब अवाक् रह जाते हैं, पर श्रद्धावान् नचिकेता अविचल मुसकराता सम्मुख आई चुनौती को स्वीकार करता है और यमनगरी को जाने को तत्पर होता है। श्रद्धा के विकास की वैज्ञानिक तकनीक को समझने के लिए हमें भी नचिकेता के साथ यमराज, जिनका दूसरा नाम धर्मराज भी है, उनके पास जाना होगा। पर पहले अपनी क्षमता का अवलोकन तो कर लें। निर्ममता से अपना नित्य आत्मावलोकन करना प्रारंभ कर दें। रोज सोने से पहले अपनी क्षमता का आकलन करें। अपनी दिनचर्या का अवलोकन कर पूछें स्वयं से, श्रद्धा के जागरण के लिए 'क्या हम तत्पर हैं?'

उत्साह

मृत्यु का सामना करने के लिए बड़ा उत्साह चाहिए। साधारणत: मृत्यु को तो भय के साथ ही जोड़कर देखा जाता है और यहाँ उत्साह की बात कही जा रही है। श्रद्धा ऐसे ही चमत्कार करने में सक्षम होती है।

आत्मावलोकन के समान ही उत्साह भी श्रद्धा का ही परिणाम है और अंग भी। नचिकेता तो यम के स्थान पर जाने के लिए उत्सुक है। उसका उत्साह बालक की जिज्ञासा की तरह है, जो हर नए अनुभव से ज्ञान प्राप्त करना चाहता है, बिना किसी भय अथवा गणित के। नचिकेता के लिए मृत्यु के द्वार जाना नई अनुभूति के ज्ञान का अवसर था। अत: उत्ज़ेजना भी है उमंग भी और जिज्ञासा भी।

हमारे क्रांतिकारियों के बारे में भी ऐसा ही बताया जाता है। चाहे काकोरी कांड के आरोपी रामप्रसाद बिस्मिल, अशफाक उल्ला खाँ, राजेंद्र लाहिड़ी, शचींद्रनाथ सान्याल हों या बाद में भगतसिंह, बटुकेश्वर दत्त, सुखदेव और राजगुरु, सदैव उत्साह में ही रहते थे। मृत्यु की चिंता उन्हें कभी नहीं सताती थी। यह मन मस्त फकीरी अपने कार्य और भारतमाता के प्रति उनकी श्रद्धा का परिणाम ही थे। किसी भी शारीरिक यातना से अंग्रेज उनके मन को नहीं तोड़ सके। बेड़ियाँ तालवाद्य बन गईं और कोठरी की सलाखें मृदंग। 'रंग दे बसंती चोला' और 'वंदे मातरम्' के तराने जेलों में अन्य अपराधियों को भी देशभक्त बनाने लगे। यमराज को चुनौती देता यह उत्साह फाँसी के फंदे पर भी नहीं थमा।

अंडमान के कालेपानी की काल कोठरी भी सावरकर के उत्साह को डिगा न सकी। वहाँ उस भीषण यमनर्तन में, जहाँ उनकी कोठरी के सामने रोज कोई-न-कोई मारा जाता, कोई आत्महत्या कर देता, कोई रोग की बलि पड़ता; परंतु वह वीर काव्य की रचना करता। जेलर बारी यातना देते-देते थक गया। सावरकर ने बेड़ियों की संकेत भाषा का निर्माण कर दिया। सारे सेल्यूलर जेल में संदेशवहन होने लगा। एक साथ हड़ताल हुई। श्रद्धा से सराबोर उत्साह मृतप्राय लाशों में भी जान फूँक देता है। सावरकर ने कागज-कलम की व्यवस्था जुटाई और अंडमान से लंडन पत्राचार किया। क्रूरकर्मा बारी पर काररवाई हुई, उसका तबादला हुआ। श्रद्धा की विजय

हुई। ये सारे नचिकेता ही तो थे।

उत्साह किसी भी परिस्थिति में निराशा को पास नहीं फटकने देता। जब नचिकेता यम के द्वार पहुँचा तो यमराज नहीं थे, कहीं गए हुए थे। नचिकेता न तो निराश हुआ, न ही लौट आया। दिन और रात तीन दिन यम की आने की प्रतीक्षा करता रहा। न थका, न ही उसका मन ऊबा। वैसे भी जिनका मन श्रद्धा से भरा हो, वह हताश कैसे हो सकता है ? ऊबने का तो नाम ही नहीं। आजकल हम छोटे-छोटे बच्चों के मुख से बोर होने की बात सुनते हैं। ये ऊबना मानसिक रिक्तता का लक्षण है। उत्साही न तो स्वयं ऊबता है, न अपने परिवेश में किसी को ऊबने देता है। यमराज जब लौटे तो नचिकेता की श्रद्धा और लगन से प्रसन्न हुए और तीन दिन की प्रतीक्षा के लिए उसे तीन वर प्रदान किए।

वैराग्य

नचिकेता ने वरदान में जो माँगा है, वह हमें श्रद्धा के तीसरे आयाम पर ले आता है—वैराग्य! वैराग्य से ही श्रद्धा का जन्म होता है। वैराग्य का अर्थ है विस्तार। छोटे स्वार्थ का त्याग। नचिकेता के तीनों वर देखिए। पहला वर माँगा अपने पिता के लिए, 'पिता के पाप नष्ट हों और उनका क्रोध शांत हो।' परिवार की कुशलता एवं धर्म की रक्षा की इच्छा से माँगा वरदान। दूसरा वर सारी मानवता के कल्याण के लिए, 'ऐसा यज्ञ बताएँ जिसे पूर्ण करने से पृथ्वी पर ही स्वर्ग का अलौकिक सुख सबको प्राप्त हो सके।' यमराज ने दोनों वर प्रदान किए। दूसरे वर में जो यज्ञ का वर्णन है, वह आज की समस्त पर्यावरण की समस्याओं का समाधान प्रदान कर सकता है।

तीसरे वर के रूप में नचिकेता ने सर्वोच्च ज्ञान की आकांक्षा की। मृत्यु के रहस्य का ज्ञान-आत्मज्ञान। मरने के बाद व्यक्ति का क्या होता

है? यम से अधिक अच्छा यह कौन बता सकता है? यह है वैराग्य की चरम सीमा। यमराज ने अनेक प्रलोभन दिए। और कुछ माँग लो—धन, राज्य, दीर्घायु, दास-दासी, आरोग्य सब देने को तैयार थे यमराज, परंतु नचिकेता तो अपनी माँग पर अड़े थे। आत्मज्ञान ही चाहिए। यह दृढ़ता वैराग्य से उत्पन्न श्रद्धा से ही संभव है। वैसे सामान्यत: हम लोग वैराग्य का अर्थ संन्यास से लगाते हैं। और जीवन में जिसे सब पाना है, उसे वैराग्य की बात बताने से असंभव भी लगता है और भय भी लगता है। मैं तो जीवन का आनंद लेना चाहता हूँ। सब सुख भोगना चाहता हूँ। ज़्याति पाना चाहता हूँ। वैरागी थोड़े ही बनना है। पर मजेदार बात यह है कि ये सब तो वैराग्य के ही फल हैं।

वैराग्य का अर्थ है मन का विस्तार। छोटा संकुचित मन छोटी ही आकांक्षा कर पाता है। मन जब अपने बड़े विस्तारित अस्तित्व के साथ जुड़ जाता है तब उसका स्वार्थ भी विस्तारित होता है। परिवार मेरा ही विस्तारित रूप है। मन जब बड़ा होता है तो समझता है 'मैं ही परिवार हूँ।' और विस्तार होने पर समझता है कि 'मैं ही समाज हूँ।' वैराग्य की दृढ़ता के साथ ही यही विस्तार राष्ट्र के स्तर पर पहुँच जाता है। फिर स्वामी रामतीर्थ कह उठते हैं, ''मैं ही भारत हूँ।'' भारत की संस्कृति अपनी संवेदना में समूची मानवता, प्राणिमात्र, प्रकृति, ब्रह्मांड और परमात्मा को समेटे हुए है। इसलिए हम सब के सुख की प्रार्थना करते हैं—सर्वे भवन्तु सुखिन:। इसलिए भारत तक जिसका विस्तार हो गया, उसे परम वैराग्य प्राप्त हो गया। यही हमारे क्रांतिकारियों के निर्भय मृत्युगान का रहस्य है। वैराग्य तो महास्वार्थ है या कहें परम स्वार्थ। एक और बात जब हम अपने महास्वार्थ की ओर ध्यान देते हैं तो छोटे-मोटे स्वार्थ तो अपने आप ही पूर्ण हो जाते हैं। भारत के लिए काम करनेवाले का स्वयं का सज़्मान तो बढ़ता ही है न! भारत की जीत में ही हम सब की जीत है।

नचिकेता को भी अपनी श्रद्धा का फल मिला। यमराज ने मृत्यु के परे का ज्ञान तो दिया ही, साथ ही प्रलोभन के रूप में दिए सभी आश्वासन भी 'तथास्तु' कर दिए। आत्मावलोकन, उत्साह और वैराग्य से उपजती है श्रद्धा। इस श्रद्धा से ही प्रेरणा, वीरता, धैर्य और विवेक—इन आंतरिक उपकरणों का विकास होता है और प्राप्त होती है निश्चित सफलता तथा जीवन की सार्थकता।

यमराज ने नचिकेता को कहा 'शूरस्य धारा निषिधा दूरत्यया। दुर्गम पथस्तत कवयो वदन्ति' यह पथ तलवार की धार पर चलने जैसा दुर्गम है, ऐसा ज्ञानी बताते हैं। पर पहले मंत्र में वे उपाय बता चुके हैं, जो स्वामी विवेकानंद का महामंत्र बना, 'उज़िष्ठत! जाग्रत्! प्राप्य वरान्निबोधत!' यमराज ने कहा—"उठो! जागो! वरिष्ठ जनों से मार्गदर्शन प्राप्त करो।" स्वामीजी ने सिंहनाद किया—"उठो! जागो! लक्ष्यप्राप्ति तक रुको नहीं।"

एक नजर में देखें तो व्यक्तित्व के पूर्ण खिलने के लिए जीवन गठन के आंतरिक साधन अत्यंत महज़्वपूर्ण है। प्रत्येक के जीवन में प्रेरणा, वीरता, धैर्य व विवेक का विकास आवश्यक है। इन सबका विकास करने का माध्यम है—श्रद्धा का जागरण। श्रद्धा के जागरण का वैज्ञानिक मार्ग है—नित्य आत्मावलोकन, अजस्र उत्साह व असीम वैराग्य।

□

4

जीवन-सौष्ठव के बाह्य साधन

सभी चाहते हैं कि हमारे व्यक्तित्व का बाहरी प्रगटन भी चित्ताकर्षक हो। इस हेतु युवा अनेक कृत्रिम व अप्राकृतिक उपायों का प्रयोग करते हैं। वास्तव में यह बाहरी व्यक्तित्व जीवन का सौष्ठव है। सौष्ठव अर्थात् दृढ़, समर्थ व सक्षम जीवन। आइए जीवन सौष्ठव को विकसित करने के बाह्य साधनों तथा उनके विकास की वैज्ञानिक विधि को समझते हैं।

मैदान में चलो

हरि अनंत हरि कथा अनंता। कृष्ण की सारी कथाएँ ही रसमय हैं और वीरता से परिपूर्ण भी। शिशु अवस्था से ही पूतना मौसी और शकटासुर के षड्यंत्रों को समझकर यशोदा के लाला ने उनका मर्दन कर दिया। वहीं से उनकी बाललीलाओं में अनेक राक्षसों के निःपात के अध्याय जुड़े हैं। आगे जीवन भर वे दुष्टों का संहार करते रहे। पर जब जगद्गुरु के रूप में उनका बखान करना है तब उनके जीवन के सबसे महत्त्वपूर्ण अध्याय का ही उल्लेख होता है—कंस चाणूर मर्दनम्।

वसुदेव सुतं देवं कंस चाणूर मर्दनं।
देवकी परमानन्दम् कृष्णं वन्दे जगद्गुरुम्॥

कृष्ण स्वयं मात्र 12 वर्ष के हैं और बलराम दाऊ 14 के। यह नंदग्राम की लीलाओं का समापन और मथुरा प्रयाण का समय है। कंस ने जान-बूझकर महोत्सव निमंत्रण दिया है। अपने काल को मारने के अनेक प्रयास असफल होने के बाद अब वह अपने समक्ष मथुरा में ही कृष्ण को समाप्त कर दैवी आकाशवाणी से उपजे भय को समाप्त करना चाहता है। अतः नंदग्राम के गोप समूह के स्वागत की विशेष व्यवस्था है। जैसे ही यह दल मथुरा के महाद्वार पर पहुँचा एक मदमस्त हाथी महावत के नियंत्रण से बाहर हो गया और सीधा कृष्ण के दल पर चढ़ आया। आसपास के राहियों में हाहाकार मच गया। कुवलियापीड़ नाम का यह विशाल हाथी मथुरा में कुज़्यात था। अपराधियों को पैरों तले कुचलकर मृत्युदंड देने का इसे प्रशिक्षण प्राप्त था। आज कंस ने उसका नियोजन अपने भानजों को मारने के लिए किया था। योजना के अनुसार ही उसे खूब दारू पिलाकर ठीक कृष्ण के आगमन के समय वहाँ अंधाधुंध तबाही मचाने के लिए छोड़ दिया गया था।

वीर के बल की परीक्षा थी यह। केवल साहस या युक्ति से काम नहीं चलने वाला। यहाँ तो शारीरिक बल की परीक्षा थी। कुवलियापीड़ ने कृष्ण भगवान् को अपनी सूँड़ में पकड़ने का प्रयास किया, ताकि दूर उछालकर फेंक दे। पर कान्हा तो चपलता से उसकी सूँड़ पर ही चढ़ गए। अब कृष्ण ऊपर थे। हाथी जोर-जोर से अपनी सूँड़ हिलाकर उन्हें गिराने का प्रयास कर रहा था। पर अब आक्रमण नंदलाला के पास था। शक्ति देखो कितनी प्रचंड, उन्होंने एक ही झटके में कुवलियापीड़ के दाँत को उखाड़ फेंका और अपने शक्तिशाली मुष्टिका-प्रहारों से उसके मस्तक पर आघात किया। मर्म पर किए घातक प्रहारों से वह

बलवान हाथी भी मूर्च्छित हो गया। कहते हैं कि कृष्ण ने सूँड़ पकड़कर उस हाथी को उठाया और गोल-गोल घुमाकर दूर फेंक दिया। कुवलियापीड़ की मुक्ति हो गई। गोपकुमारों ने नंदलाल के जयघोषों से मथुरा को गुँजा दिया। कंस के आतंक से भयभीत मथुरावासियों के मन में अपने उद्धार की आशा जगी।

उत्सव में अनेक आयोजन थे। पर मुज़्य आयोजन जहाँ स्वयं मथुराधीश कंस विराज़मान थे, वह था मल्लयुद्ध का अखाड़ा। कुश्ती भी मरणांतक। एक मल्ल के मरने पर ही दूसरा विजयी होगा। कंस के सबसे भयानक मल्ल थे चाणूर और मुष्टिक। दोनों राक्षस के समान ही महाकाय तो थे, साथ ही अति क्रूर भी माने जाते थे। अत्यंत वीभत्स तरीके से विरोधी पहलवानों को मारते थे। वे कंस की आतंकी योजना का दूसरा चरण थे। कंस ने उन दोनों से कहा था, 'वो मायावी वसुदेव पुत्र यदि किसी प्रकार कुवलियापीड़ के पैरों से बच भी निकला तो तुम दोनों उन भाइयों को मल्लयुद्ध के लिए ललकारना। अखाड़े की लाल माटी में ही उनके सुकोमल शरीर कुचल देना।'

योजना के अनुसार चाणूर और मुष्टिक ने कान्हा और दाऊ को ललकारा। साथी गोप उन अतिकाय दैत्यों को देखकर चुनौती स्वीकार करने को मना कर रहे थे। मथुरावासी भी इन बालकों के सुकोमल शरीरयष्टि को देखकर चिंतित थे, पर दोनों भाई तत्पर थे। एक-दूसरे की ओर देखकर मुसकराए और अखाड़े में उतर गए। सबको लग रहा था कि यह तो एकतरफा युद्ध होगा। पर इन बालकों को अपनी क्षमता की सीमा का भान था। अतः उन्होंने क्रमशः चाणूर व मुष्टिक की ही शक्ति का प्रयोग करना प्रारंभ किया। दोनों में चपलता अद्‍भुत थी। अपनी चपलता से कम-से-कम शक्ति का प्रयोग करते हुए बलवान विरोधी के वारों से वे बचते रहे। अपने सारे दाँव निष्फल होते देख

चाणूर-मुष्टिक खीजते गए और जोर से वार करते गए। कान्हा-दाऊ बचते जाते और खिलखिलाकर हँसते जाते। उनके हँसने से कंस के दैत्य और ज्यादा गुस्सा कर आक्रमण करते। कान्हा की योजना थी अपने सामर्थ्य का समुचित प्रयोग। कृष्ण और बलराम के पास पाश्विक बल भले ही चाणूर-मुष्टिक जैसा न हो, पर युवा होने के कारण चपलता और तितिक्षा (Stamina) निश्चित ही अधिक थीं। उन्होंने उसी का प्रयोग किया। चपलता से बचाव करते हुए चाणूर-मुष्टिक को थका दिया और जब तितिक्षा के अंतिम पड़ाव पर दोनों थककर हाँफने लगे तब अपने दाँव लगाए और कुछ ही क्षणों में दोनों को अपनी दुर्गति से मुक्त कर दिया। सारी मथुरा कृष्ण के जयघोष से गूँज उठी। कंस ने कान्हा को कैद करने का आदेश दिया। पर उससे पूर्व ही कृष्ण ने दौड़कर सिंहासन से कंस को नीचे खींच लिया। अवाक् कंस सँभले उससे पूर्व ही अपनी शक्तिशाली मुष्टिका से मर्माघात कर मथुरा को और अपने माता-पिता वसुदेव-देवकी को आतंक की कैद से मुक्त कर दिया।

बल

हमारे व्यक्तित्व विकास के आंतरिक आयामों प्रेरणा, वीरता, धैर्य और विवेक का आत्मावलोकन, उत्साह और वैराग्य से कैसे विकास किया जाता है, यह हमने महावीर हनुमान तथा नचिकेता के उदाहरणों से देखा था। अब हम अपने व्यक्तित्व के बाहरी आयामों के विकास की ओर मुड़ रहे हैं। हमारा व्यक्तित्व प्रगट तो शरीर के माध्यम से ही होता है। इसीलिए कहा है शरीरमाद्यं खलुधर्म साधनम्। शरीर धर्म पालन का प्रथम साधन है। सबसे पहला आयाम है—यह शारीरिक बल। बलवान् शरीर का अर्थ केवल पशुवत् शक्ति से नहीं है। वजन उठाने की क्षमता होना तो ठीक ही है। उसे शक्ति (Power) कहते हैं। पर

केवल इससे ही काम नहीं चलता। इसके साथ ही चपलता (Dextirity) और तितिक्षा (Stamina) भी चाहिए। चपलता के लिए अंगों में लचीलापन भी चाहिए और सहजता से उनके संचालन का कौशल भी। तितिक्षा वास्तव में फेफड़ों की क्षमता है। श्वास को अधिक समय तक धारण करने की क्षमता है तितिक्षा।

तीनों के विकास के लिए नियमित व्यायाम आवश्यक है। तितिक्षा के लिए दौड़ लगाना सर्वोत्तम है। सभी अंगों के लचीले और संतुलित विकास के लिए सूर्य-नमस्कार सबसे उत्तम है। पर केवल 12 से काम नहीं चलेगा, कम-से-कम 50 तो करने ही चाहिए। 108 करना सर्वोत्तम। समर्थ रामदास प्रतिदिन 1200 सूर्यनमस्कार करते थे। आजकल आधुनिक युवा यंत्रों की सहायता से व्यायाम करने के लिए जिम जाते हैं। सही निर्देशन में उससे तात्कालिक लाभ तो होता ही है, पर देखा गया है कि कालांतर में मांसपेशियों के शिथिल होने की समस्या आती है। वैसे भी अधिकतर जिम जानेवालों का उद्देश्य वास्तविक बल प्राप्त करने के स्थान पर केवल दिखाऊ सौष्ठव प्राप्त करना होता है। उसी हेतु अनेक युवा घातक दवाइयाँ भी लेने लगे हैं। इन सबके दुष्परिणाम बड़े ही दु:खद होते हैं, अत: इनसे बचना ही ठीक है। यदि सही तरीके से शारीरिक बल अर्थात् शक्ति, चपलता, तितिक्षा (PDS- Power, Dextirity, Stamina) तीनों प्राप्त करने हैं तो नियमित मैदानी खेल खेलना आवश्यक है। यही कान्हा की विधि है। गाय चराते-चराते खेल-खेल में वीरों की टोली बना डाली। हमारे देसी खेलों में शरीर की पूर्ण क्षमता के विकास की विधि है। क्रिकेट, फुटबॉल जैसे आधुनिक खेलों में मनोरंजन तो होगा, पर बलवर्द्धन निश्चित नहीं है। इसीलिए इसके खिलाड़ियों को तैयारी के लिए अलग से व्यायाम करना पड़ता है। गाँव के खलिहानों या संघ की शाखा एवं विवेकानंद केंद्र के संस्कार वर्गों

में खेले जानेवाले शेर-बकरी, किसान-लोमड़ी, कुक्कुट युद्ध, कबड्डी, दुर्ग विजय जैसे मैदानी खेलों में ये सब विकास सहजता से हो जाता है। तो आधुनिक नंदलालो! वीडियो गेज़्स छोड़ो और मैदान में चलो।

मैं हूँ सबसे सुंदर

"बताओ! गुलाब क्यों सुंदर होता है?" कुलकर्णी सर थे तो अंग्रेजी के शिक्षक, पर उनकी आदत थी कि कक्षा का प्रारंभ किसी-न-किसी प्रश्न से किया जाए और लगभग हर बार प्रश्न ऐसा ही कुछ ऊटपटाँग हुआ करता था। अब इसी को ले लो। गुलाब क्यों सुंदर होता है? 7वीं कक्षा की बुद्धि के अनुसार छात्र उज़र देते रहे, 'गुलाब का रंग सुंदर होता है इसलिए!' किसी ने कहा उसकी पंखुड़ियों की रचना के कारण। कोई भी जवाब कुलकर्णी सर को संतुष्ट नहीं कर सका। वैसे भी उनके प्रश्नों का उज़र उनके स्वयं के पास जो होता था, वही उनको मान्य होता था। दो दिन का समय दिया गया छात्रों को, ताकि घर में भी सब से पूछ सकें और फिर यह सिद्ध हो जाए कि कोई भी सही जवाब नहीं जानता। वैसे भी इस प्रश्न का माता-पिता भी क्या जबाव दें। "ये भी कोई बात हुई भला! गुलाब सुंदर होता ही है, अब इसमें क्यों क्या बताए। भगवान् ने ही उसे सुंदर बनाया है।"

पढ़ते समय आप भी सोचने लगे न कि गुलाब क्यों सुंदर होता है? अब आपको कुलकर्णी सर का उज़र बता ही देते हैं। सारे उज़रों को खारिज कर देने के बाद ही शिक्षक वह उज़र बताता है, जो उसके अनुसार सही होता है और अकसर छात्र इस बात से सहमत नहीं होते कि वह सही उज़र है। पर कुलकर्णी सर का प्रश्न पूछने के पीछे हेतु ही अलग होता था। उन्होंने उज़र दिया, "गुलाब इसलिए सुंदर होता है, क्योंकि सब कहते हैं कि वह सुंदर होता है। हर कवि कहता है, हर

फिल्म में कहा जाता है कि तुम गुलाब सी सुंदर हो। इसलिए हम भी मान लेते हैं।'' देखा सर ने भी नहीं बताया कि क्यों गुलाब सुंदर होता है? जब छात्रों ने यह बोला तो सर ने कहा, ''मैं तो बता दूँगा। पर मेरा पूछने का आशय यह था कि अधिकतर बातें हम जीवन में ऐसे ही मान लेते हैं, क्योंकि सब कहते हैं। सोचते कहाँ हैं कि इसका वास्तविक अर्थ क्या है?''

रूप

हम सब सुंदर बनना चाहते हैं या सुंदर दिखना चाहते हैं? शायद केवल दिखना चाहते हैं, क्योंकि हम सोचते हैं सौंदर्य तो ईश्वरीय देन है। अब हम जैसे पैदा हुए हैं वैसे ही तो नाक-नक्श रहेंगे न? हाँ! आजकल लोग प्रसाधन शल्य चिकित्सा (Plastic surgery) से अपने अंगों की रचना भी बदलने लगे हैं। सबके बस का ये भले ही न हो, पर कम-से-कम कुछ क्रीम पाउडर लगाकर सुंदर दिखने का प्रयास तो सब करते ही हैं। एक सर्वेक्षण के अनुसार अब इस मामले में पुरुषों ने महिलाओं को पीछे छोड़ दिया है। पुरुषों के लिए विशेष प्रसाधनों की बिक्री अब अधिक होने लगी है। हर कोई क्रीम लगाकर गोरा होना चाहता है। बाल बढ़ाकर या भिन्न-भिन्न तरह से बाल कटवाकर अपने आपको सुंदर दिखाने की होड़ लगी है। वैसे इस प्रयास में गलत कुछ नहीं है। केवल प्रसाधनों के ये सारे विज्ञापन मात्र उल्लू बनाओ प्रोग्राम हैं। इससे सुंदर व्यक्तित्व का कोई लेना-देना नहीं।

किसी कवि ने कहा ही है न कि सौंदर्य तो देखनेवाले की दृष्टि में होता है। सुंदरता का अर्थ है आकर्षित करने की क्षमता। तो गुलाब भी इसीलिए सुंदर है, क्योंकि वह सबको आकर्षित करता है। मन मोह लेता है। यह आकर्षण विशेषता से आता है। दिखने की विशेषता या

सुगंध की या फिर रचना की। कुछ अलग हटके होगा तो आकर्षण होगा। शायद इसीलिए शोभाचार (Fasion) के नाम पर कुछ-न-कुछ विचित्र ही किया जाता है। चित्र-विचित्र केशभूषा व वेषभूषा के द्वारा अलग दिखने से लोग आकर्षित होंगे, ऐसा विचार होता होगा। पर विडंबना देखो। कोई शोभाचार चल जाए, लोकप्रिय हो जाए तो सब वैसे ही बाल कटवाने लगते हैं और फिर आप अलग दिखने की जगह सभी बंदरों की तरह ही लालमुँहे दिखने लगते हैं। सब एक जैसे हो जाएँ तो फिर आकर्षण कहाँ रहा?

व्यक्तित्व के बाहरी पहलुओं में बल के बाद रूप दूसरा महज़्वपूर्ण पहलू है। आकर्षक रूप का विकास भी व्यक्तित्व के विकास का अंग है। कृष्ण के नाम का ही अर्थ है आकर्षित करनेवाला। कर्षयति इति कृष्णः। उसकी बाँसुरी के पीछे मनुष्य ही क्या पशु, पक्षी सब खिंचे चले आते थे। रंग काला है गोरा नहीं। कपड़े भी सामान्य पीले रंग के, आभूषण के नाम पर पज़ों की माला और मोर मुकुट। फिर भी विश्व इतिहास का सबसे आकर्षक व्यक्तित्व। तो मानना ही पड़ेगा यह कुछ और बात है इस सौंदर्य की। इसके तज़्व को समझना होगा। बाहरी नकल से काम नहीं चलेगा, हमारे अंदर के कृष्ण को जगाना होगा, तभी वास्तविक सुंदरता का जागरण होगा। सुंदर दिखने की कोशिश के स्थान पर सुंदर बनने की कोशिश करनी होगी तो आकर्षण अपने-आप आ ही जाएगा।

पवित्रता : सुंदरता का प्रकटीकरण भले ही बाहरी हो पर उसका उद्‍गम तो भीतर से होता है। सुंदरता की पहली आवश्यकता है पवित्रता। शरीर, मन और वाणी की पवित्रता। शौच अर्थात् शुद्धि को योग में बड़ा महज़्व दिया गया है। शरीर शुद्ध ही नहीं होगा तो ऊपर से कितना भी सजा लो, आकर्षण कैसे आएगा? स्नान के तुरंत बाद अनुभव होनेवाली

ताजगी में कितना सौंदर्य छिपा है। स्नान के बाद हमारा रूप सर्वोत्तम होता है। फिर हम ऊपर से प्रसाधन चुपड़कर उसे अपवित्र बना लेते हैं। नियमित पूर्ण स्नान भी सुंदर बनने का सहज साधन है। शरीर को शुद्ध रखने की और भी कई विधियाँ योग में बताई गई हैं। ज्ञाता प्रशिक्षक से सीखकर करने से लाभ होगा। इसीलिए यहाँ उनका वर्णन नहीं कर रहे हैं। बिना प्रशिक्षक के, मार्गदर्शन के केवल पढ़कर करने से दुष्परिणाम हो सकते हैं। वैसे संकल्प के साथ रोज स्नान भी पर्याप्त है। मन की शुद्धि भी अत्यावश्यक है। विचार में शुद्धता का अर्थ है ऊपर उठाने वाले विचार, विस्तार देनेवाले विचार, बिना छल-कपट के विचार। नाक-नक्श अच्छे होने के बाद भी विचार दुष्ट या कपटी होने से आकर्षण चला जाता है। वाणी की शुद्धता भी सौंदर्य को निखारने में अनिवार्य है। सदाचार पर विचार करते समय इस पर विस्तार से चर्चा करेंगे।

प्रसन्नता : सुंदर रूप का दूसरा घटक है प्रसन्नता। कितने भी संतुलित अंग हों, रूप सुहाना हो, पर क्या रोते हुए कोई आकर्षक लग सकता है! अतः सतत प्रसन्न रहने का स्वयं को प्रशिक्षण देना होगा। जरा सोचिए, बिना किसी बाहरी प्रेरणा के हमारा भाव क्या होता है? प्रसन्नता का या चिंता का या कष्ट का? जब कोई नहीं है, कोई देख नहीं रहा क्या तब हम प्रसन्न होते हैं? जो अपने आप से प्रसन्न रहता है, वह मदमस्त ही सबसे आकर्षक होता है। मुसकराने के लिए कोई कारण नहीं चाहिए। वह हमारा सहज स्वभाव बन जाए। कारण तो दुःखी होने के लिए आवश्यक हो।

प्रमाणबद्धता : आकर्षण का तीसरा अनिवार्य अंग है प्रमाणबद्धता या सुव्यवस्था। आकर्षण का सबसे बड़ा उदाहरण है चुंबक। लोहे और चुंबक की रासायनिक रचना एक ही है, फिर भी चुंबक में आकर्षण

है और लोहे में नहीं है। पर उसी सादे लोहे के टुकड़े को चुंबक पर लगातार घिसने से वह भी चुंबक बन जाता है। दोनों के आयनों की संरचना में भेद है। लोहे के आयन अस्त-व्यस्त हैं तो चुंबक के आयन दक्षिण और उज़र ध्रुवों के बीच पंक्तिबद्ध हो गए हैं। लगातार घिसने से लोहे के आयन भी प्रमाणबद्ध हो जाते हैं और वह भी चुंबक बन जाता है। अच्छी संगत का यह सुपरिणाम है। अपनी वस्तुओं को व्यवस्थित करना व्यक्तित्व को आकर्षक बनाने का प्रारंभ है, तो अपना कमरा सुव्यवस्थित कर लो, कपड़े, किताबें ठीक से रखने लगो। इससे हमारे व्यक्तित्व के आयन भी सुव्यवस्थित होने लगेंगे और हम आकर्षक बन जाएँगे।

प्रत्येक व्यक्ति स्वभावत: सुंदर होता है। केवल लंबे होने में ही सौंदर्य नहीं है या किसी का शरीर स्थूल है तो उसका अर्थ यह नहीं कि वह आकर्षक नहीं हो सकता। हम अपने शरीर रचना के अनुसार अपने परिधान आदि का चयन करना सीखेंगे तो रूप निखरेगा। मुज़्य बात तो यह है कि पवित्रता, प्रसन्नता और प्रमाणबद्धता—ये हमें सुंदर बनाते हैं, प्रसाधन नहीं। इसका अज़्यास करें और फिर आपका रोम-रोम कह उठेगा, मैं हूँ सबसे सुंदर!

बनें हम प्राणवान!

आद्य क्रांतिकारी वासुदेव बलवंत फड़के को जेल में बंद रखना भी संभव नहीं था। जेल से भागने के लिए उन्होंने कोई बहुत बड़ी योजना नहीं बनाई। उन्हें अपनी शक्ति पर पूर्ण विश्वास था। उन्होंने अपनी कोठरी के आगे लगे सलाखों के जाल को दोनों हाथों से पकड़कर उखाड़ लिया और फिर उसे उठाकर ही दौड़ पड़े। उसी फाटक को जेल की दीवार से सटाकर खड़ा किया और उसी की सीढ़ी बनाकर दीवार फाँद

गए। फिर जंगल में भीलों की सेना बनाई और क्रांति का कार्य जारी रखा। कोई उन्हें कभी पकड़ ही नहीं पाता, यदि वे बुखार से पीड़ित नहीं होते। ज्वर ने उन्हें ऐसा घेरा कि मंदिर में नींद की स्थिति में ही वे बेहोश हो गए। तब अंग्रेज सेनापति सोते वासुदेव की छाती पर सवार हो गया, पर होश आते ही उसे धक्का देकर गिरा दिया। अंग्रेजों द्वारा शस्त्र छीन लिये गए और कमजोरी भी इतनी थी कि भागना संभव नहीं था, इसलिए पकड़े गए।

स्वास्थ्य

बाघा जतिन भी बालासोर के जंगलों में 9 सितंबर, 1915 को अंग्रेजों से लड़ते हुए मरणांतक घायल हुए और दूसरे दिन अस्पताल में उन्होंने अंतिम साँस ली। उससे पहले चार दिन से बारिश के बीच जंगल में भागते-भागते उन्हें भी बुखार चढ़ गया था और इस ज्वर में लड़ने के कारण ही वे अंग्रेजों के शिकार हो गए। यदि स्वास्थ्य साथ देता तो शायद इन दोनों क्रांतिकारियों का कार्य और अधिक आगे बढ़ता। इसी महज़्व को ध्यान में रखते हुए लोकमान्य बाल गंगाधर तिलक ने 11वीं कक्षा के बाद अपनी पढ़ाई में से एक वर्ष का विराम लेकर योग, व्यायाम आदि के द्वारा पूर्ण स्वास्थ्य को प्राप्त किया। इसी के चलते मंडाले में घोर शारीरिक यातनाओं के बाद भी वे पूरे बल के साथ राष्ट्र का नेतृत्व करने लौट सके। जीवन को गढ़ने की प्रक्रिया में व्यक्तित्व विकास के बाहरी आयामों में बल और रूप के बाद तीसरा है—स्वास्थ्य।

यह केवल शरीर के स्तर पर ही नहीं है। पूरे व्यक्तित्व का ही स्वस्थ होना अत्यंत आवश्यक है। व्यक्तित्व के पाँचों स्तर—शरीर, मन, भाव, बुद्धि तथा आध्यात्मिक स्तर पर स्वस्थ होना चरित्र के सज़्यक् विकास के लिए अनिवार्य है। सामान्यत: निरोगी होने अर्थात् रोग न होने

को ही स्वास्थ्य समझा जाता है। पर वास्तव में स्वस्थ होना एक सकारात्मक विधा है। स्वामी विवेकानंद ने लंदन में दिए एक व्याज़्यान में कहा, "हम भारतीय इतने आध्यात्मिक हैं कि जब एक-दूसरे से मिलते हैं तब अभिवादन में भी गहरा प्रश्न पूछते हैं।" उन्होंने अंग्रेजी में वह प्रश्न बताया—'Are you upon yourself ?' अर्थात् क्या आप अपने-आप में स्थित हैं? भिन्न-भिन्न भाषाओं में अभिवादनों को देखने पर इस अर्थ का कोई सीधा अभिवादन ध्यान में नहीं आता है। पर अभिवादन के साथ सामान्यत: हम स्वास्थ्य की पृच्छा करते हैं। 'क्या आप स्वस्थ हैं?' यदि संस्कृत में संधि तोड़कर देखें तो 'क्या आप स्व में अर्थात् अपने आप में स्थित हैं?' स्व में स्थित होना ही स्वस्थ होने का लक्षण है।

स्व में स्थित होना केवल आध्यात्मिक ही नहीं, वरन् व्यक्तित्व के सभी स्तरों पर आवश्यक है। और इन स्तरों के आपसी संबंध में भी स्व का अपना महज़्व है, जैसे—मन और शरीर का सीधा संबंध है। मन प्रसन्न हो तो शरीर भी स्वस्थ होता है। भावों के असंतुलित होने से श्वसन, पाचन, रक्तदाब जैसी सामान्य शारीरिक प्रक्रियाएँ भी बाधित होती हैं। अत: पूर्ण रूप से स्वस्थ रहने के लिए इन सभी स्तरों को जोड़नेवाले तज़्व को समझना पड़ेगा। छांदोग्य उपनिषद् में रेक्व महामुनि की कथा आती है। केवल 15 वर्ष की आयु में विश्व में व्याप्त शक्ति को समझने के लिए उन्होंने तप किया और तज़्व का साक्षात्कार भी किया—'यथा ब्रह्माण्डे वायु तथा पिण्डे प्राण:।' जैसे सारे जगत् में वायु व्याप्त है, उसी प्रकार व्यक्तित्व में प्राण सर्वव्यापी है। बिना वायु के कोई स्थान नहीं रह सकता, वैसे ही प्राण का भी निर्बाध प्रवाह चलना अनिवार्य है। मन और शरीर को जोड़नेवाला भी प्राण ही है। अत: स्वस्थ होने का अर्थ है प्राणवान होना। प्राण अर्थात् जीवनी ऊर्जा। इस ऊर्जा

की मात्रा Quantity तथा गुण Quality दोनों स्वास्थ्य के प्रमुख कारक हैं।

प्राण का एकमात्र स्रोत सूर्य है। सूर्य से ही हमें प्राणऊर्जा प्राप्त होती है। भोजन में भी जो शक्ति हम पाते हैं, वह भी सूर्य की ही ऊर्जा होती है। वनस्पति सूर्य की ऊर्जा को अन्न में परिवर्तित करती है। शाकाहारी भोजन में हमें यह प्राण सीधे प्राप्त होता है। मांसाहारी भोजन में यह परोक्ष रूप से ही प्राप्त होता है, क्योंकि अधिकतर जिन प्राणियों का मांस खाया जाता है, वे स्वयं शाकाहारी होते हैं। अतः उनके द्वारा वनस्पति से प्राप्त सूर्य के प्राणों को द्वितीय चरण में मनुष्य उनके मांस से प्राप्त करते हैं। अतः मांसाहार में मात्रा एवं गुण दोनों स्तरों पर प्राण का ह्रास होता है। भोजन से अधिकतम प्राण की ऊर्जा प्राप्त करने के लिए ताजा भोजन सर्वाधिक उपयोगी होता है।

पारंपरिक दृष्टि से प्राण 3 गुणों से भावित (Charged) होता है। साज़्विक, राजसिक व तामसिक। किंतु आधुनिक समय में इन सब तकनीकी बातों में उलझने के स्थान पर शुद्धि एवं ताजगी का ध्यान रखना ही पर्याप्त होगा। प्राण की पर्याप्त प्राप्ति के साथ ही उसके समुचित प्रयोग एवं अपव्यय को रोकना भी आवश्यक है। प्राण के सज़्यक् प्रयोग के लिए हमारी प्रणालियों, खासकर श्वसन तथा पाचन की प्रणालियों का सुदृढ़ होना जरूरी होता है। इन सबके लिए अपनी क्षमता के अनुसार नियमित व्यायाम करना चाहिए। प्राण का अपव्यय मन के स्तर पर सर्वाधिक होता है, अतः अपनी आदतों को संयमित करने से ही हम अधिक प्राणवान हो सकते हैं। अपव्यय को रोकने का दूसरा प्रभावी माध्यम है सही विश्राम। हम सोते भले ही 8 घंटे, पर विश्राम पूरा नहीं कर पाते। इसलिए तो पूरी रात की नींद के बाद भी सुबह उठने पर ताजगी के अनुभव की जगह कुछ और समय सोने की इच्छा बनी रहती

है। सब बच्चे माँ से यही कहते हैं—'पाँच मिनट और''।' सोने से पूर्ण आराम पाने के लिए गहरी नींद का होना आवश्यक है। इसके लिए सरल उपाय है सोने से पूर्व हाथ-पाँव धोना। मन को शांत करने के लिए जप, प्राणायाम अथवा किसी भावात्मक पुस्तक का स्वाध्याय। योग में प्रशिक्षित लोग शवासन तथा योगनिद्रा का प्रयोग भी, सज्यक् विश्राम द्वारा प्राण संरक्षण के लिए कर सकते हैं। प्राण की प्रचुरता से ही व्यक्तित्व के सभी स्तर निरामय होते हैं और पूर्ण स्वास्थ्य का लाभ भी मिलता है। प्रतिरोधी प्रणाली के समर्थ होने के कारण रोग पास ही नहीं फटकेंगे। अत: निरोगी होने का सह-उत्पाद (By-Product) भी प्राप्त होगा।

पर यह ध्यान रखना चाहिए कि योग एवं अन्य साधनाओं का उद्देश्य पूर्ण स्वास्थ्य लाभ से चरित्र का विकास है, न कि केवल रोगों से छुटकारा। अन्यथा स्थिति उस साधक की तरह होगी, जो शिवरात्रि के दिन पूरी रात जागकर चारों याम पूजन करता है। सुबह शिवजी प्रसन्न होकर दर्शन देते हैं और कहते हैं 'माँगो जो वरदान माँगना हो।' कुछ देर पहले ही साधक के पीठ पर एक कीड़े ने काटा है और ऐसी जगह खुजली हो रही है जहाँ हाथ भी नहीं पहुँच पा रहा। तो जब शिवजी प्रगट हुए तब सबसे बड़ी समस्या पीठ की खुजली थी। अत: शिवजी से वर भी माँगा तो यही कि खुजली मिटा दो। जो सर्वकल्याणकारी शंकर सबकुछ दे सकते हैं, उनके वर को केवल खुजली मिटाने में व्यर्थ गँवाने के समान ही मूर्खता है रोगमुक्ति के लिए योग करना।

याद रहे! प्राणवान होना ही पूर्ण स्वास्थ है, केवल निरोगी होना नहीं।

कौशल

चरित्र निर्माण के बाहरी आयामों में चौथा व अंतिम है—कौशल।

शारीरिक बल, रूप और स्वास्थ्य के साथ ही विभिन्न प्रकार के कौशल भी जीवन में वांछित सफलता पाने के लिए आवश्यक हैं। जीवन के लक्ष्य की ओर बढ़ने में अनेक कठिनाइयों का सामना करना पड़ सकता है, अन्यथा अनेक प्रकार की परिस्थितियों में जीवन को अपने निश्चित लक्ष्य की ओर अग्रसर करने की चुनौती आ सकती है। आचार्य चाणक्य अपने शिष्यों को शिक्षा देते हैं कि यदि मार्ग में बाधा नहीं है तो समझना चाहिए कि मार्ग सही दिशा में नहीं है। इसलिए जब हम अपने जीवन में लक्ष्यप्राप्ति का मार्ग चुनते हैं तो हमें सभी प्रकार की स्थितियों के लिए स्वयं को तैयार करना चाहिए। अत: व्यक्तित्व विकास में कौशल-प्राप्ति का असाधारण महज़्व है। पांडवों के जीवन में आई प्रत्येक बाधा को उन्होंने कौशल प्राप्ति का साधन बनाया। अर्जुन ने जीवन भर नए-नए अस्त्रों को प्राप्त करने के लिए अलग-अलग खतरों का सामना किया। किरात रूप में स्वयं शंकर भगवान् का सामना कर पाशुपतास्त्र प्राप्त करना हो या नारायणास्त्र की उग्र तपस्या हो, इन सबने ही अंतत: धर्मयुद्ध में पांडवों को विजयश्री प्रदान की।

स्वावलंबन : वर्तमान युग में तीन प्रकार के कौशल में प्रशिक्षित होना विकसित व्यक्तित्व के लिए आवश्यक है। पहली श्रेणी में जीवनोपयोगी कौशल आते हैं, जो व्यक्ति को स्वावलंबी बनाते हैं। स्वयं के लिए हम नियम सा बना लें, जो मुझे चाहिए, वह मैं बना सकूँ। खाना खाते हैं न? तो भोजन भी पकाना आना चाहिए। आधुनिक घरों के बच्चों को तो भोजन परोसना और थाली धोना भी नहीं आता। कपड़े पहनते हैं तो कपड़े धोना, प्रेस करना या कुछ थोड़ी-बहुत सिलाई करना सीख लेना चाहिए। कुछ संपन्न घरों के बालकों को तो कपड़ों को ठीक से तह करना भी नहीं आता। विकसित व्यक्तित्व का ध्येय हो कि किसी भी परिस्थिति में दूसरे पर निर्भर न रहना पड़े। ये ऊपर से सरल लगनेवाली

बातें कभी-कभी बड़ी बाधा बन जाती हैं। कपड़े धोने का अज़्यास न हो और अचानक कभी धोना पड़े, तो हम कपड़े साफ नहीं धो सकेंगे। स्वावलंबन की आदत बाल्यकाल में ही पड़ जानी चाहिए। समझदार अभिभावक सामर्थ्य के बावजूद 10 से 16 वर्ष के आयु में बालकों को नौकरों पर निर्भर नहीं होने देते।

अभिव्यक्ति : दूसरी श्रेणी में अभिव्यक्ति का कौशल आता है। अपने व्यक्तित्व को प्रकट करने के लिए अभिव्यक्ति-कौशल अत्यावश्यक है। जीवनलक्ष्य की प्राप्ति में यह महज़्वपूर्ण है। वर्तमान समय में व्यावसायिक सफलता में भी यह अनिवार्य हो गया है। इस श्रेणी के कौशल में भाषा का ज्ञान आता है। व्यक्ति को अधिक-से-अधिक भाषाओं को सीखना चाहिए। वर्तमान में केवल अंग्रेजी पर बल दिया जाता है, पर भाषा-कौशल का सर्वोज़म विकास मातृभाषा में ही होता है। यदि एक बार मातृभाषा में प्रवीणता हासिल कर लें तो फिर अन्य किसी भी भाषा को सीखना सरल हो जाता है। हमारे मस्तिष्क में जो भाषा संबंधी केंद्र है, उनका विकास होना आवश्यक है। यदि यह केंद्र ठीक से विकसित हो जाए तो कोई भी नई भाषा सीखना सहज-सुलभ होता है। यंत्र मानव (Robots) के विकास के लिए अनिवार्य कृत्रिम बुद्धि (Artificial Inteligence) के बारे में जो अत्याधुनिक अनुसंधान हुए हैं, वे हमें बताते हैं कि संस्कृत एक ऐसी परिष्कृत भाषा है, जिसके अध्ययन से मस्तिष्क का पूर्ण विकास होता है। यह भाषा गणितीय होने के कारण बिना किसी विसंगति के भाषीय तर्क का विकास होता है, जो मस्तिष्क के भाषा केंद्रों के स्नायविक ऊतकों (Neurons) के विकास में गति प्रदान करता है। इसी शास्त्रीयता के चलते इंग्लैंड के कुछ विद्यालयों में वैदिक मंत्रों तथा संस्कृत के अध्यापन को प्रारंभ किया गया है। यदि संस्कृत व अपनी मातृभाषा पर

प्रभुत्व प्राप्त कर लिया जाए तो फिर अंग्रेजी में भी सहज प्राविण्य मिल जाएगा। हाँ, प्रयास तो करना ही पड़ेगा। मातृभाषा फिर संस्कृत और उसके बाद अंग्रेजी, यदि यह क्रम रखा जाए तो भाषा सीखने में आनंद आएगा और प्रयास कठिन होने से भी खेल के समान आनंददायी होंगे।

कला : अभिव्यक्ति कौशल का दूसरा अंग है कला। प्रत्येक व्यक्ति में अपनी भावनाओं को प्रेषित करने की आकांक्षा भी होती है और उसकी अपनी एक विधा भी। यही विधा कला के रूप में प्रकट होती है। सारी कलाएँ भावों की अभिव्यक्ति के लिए ही होती हैं। प्रत्येक के स्वभाव के अनुरूप व्यक्ति अपने भाव, शज़्द या रूप के द्वारा अभिव्यक्त करता है। शज़्द या ध्वनि के द्वारा संप्रेषण काव्य, लेखन, संगीत आदि कलाओं में विकसित होता है। रूप अथवा आकार के द्वारा संप्रेषण शिल्प, चित्रकला, नृत्य, नाट्य आदि कलाओं में विकसित होता है। संसार में प्रत्येक व्यक्ति कलोपासक होता है अर्थात् कलाभिव्यक्ति को करनेवाला अथवा उसका आस्वादन करनेवाला होता है। अपने अंदर की कला का विकास भी व्यक्तित्व के विकास के लिए अत्यावश्यक है। व्यावसायिक लक्ष्य को महज़्व देते समय कला को अतिरिक्त एवं अनावश्यक मानते हुए दुर्लक्षित किया जाता है, यह आत्मघाती है। कलाविहीन व्यक्ति में जो अधूरापन रहता है, वह उसे किसी भी क्षेत्र में अपनी पूरी क्षमता से कार्य नहीं करने देता। अत: अपनी-अपनी रुचि के अनुसार कला विधा का चयन कर उसके प्रशिक्षण, अज़्यास व आस्वादन के लिए नियमितता से समय देना चाहिए। जीवन के लक्ष्यप्राप्ति में सहायक होने के साथ ही कलोपासना जीवन को रसमय बनाकर परिपूर्ण कर देती है।

यंत्रविद्या : तीसरी श्रेणी के कौशल में यंत्रविद्या (Technology) का अंतर्भाव होता है। मानव की शारीरिक क्षमताओं को विस्तारित

करने का काम यंत्र करते हैं। यंत्रों के सुविधाजनक प्रयोग से कार्य को सुचारु, सक्षम एवं कम समय में किया जा सकता है। आधुनिक जीवन में संचार के साधन बढ़ जाने के साथ ही जीवन में उपकरणों की संज़्या एवं भूमिका दोनों में प्रचंड वृद्धि हुई है। संगणक (Computer) और चल-दूरभाष (Mobile) तो प्रत्येक के अनिवार्य उपांग हो गए हैं। इनके प्रयोग एवं उपयोग में असीम संभावनाएँ हैं और शायद ही कोई ऐसा दंभ भर सके कि इनको पूरी तरह से उसने जान लिया है। इन उपकरणों का प्रयोग तो सभी करते हैं, पर अनेक सूक्ष्म पहलुओं की ओर ध्यान नहीं देते। हममें से कितने लोग जानते हैं कि केवल कुछ नंबर डायल करके ही अपने मोबाइल की पूर्णत: समाप्त (Dischsrged) बैटरी को कुछ और देर तक चलाया जा सकता है। ऐसी अनेक बातें हैं, जिनकी बारीकियों के बारे में हम लोग नहीं जानते। दिल्ली के छतरपुर मंदिर की घटना है। एक अमेरिकी पर्यटक ने अपना अत्याधुनिक कैमरा देकर एक भारतीय छात्र को फोटो लेने को कहा। दो-तीन फोटो लेने के बाद कैमरा लौटाते हुए छात्र ने पर्यटक को कैमरे के बारे में कुछ तकनीकी प्रश्न पूछे। अमेरिकी ने जवाब दिया, मैं इसकी तकनीक के बारे में कुछ नहीं जानता, केवल उपयोग जानता हूँ। जापानी चीजें बनाते हैं, हम प्रयोग करके खराब होने पर फेंक देते हैं। हम भारतीय ही हैं जो खराब चीजों को भी सुधारकर प्रयोग में लाते हैं। ये जुगाड़ हमारी कंजूसी या कमी नहीं, यंत्र-ज्ञान के प्रति हमारी स्वाभाविक जिज्ञासा है। आधुनिक पीढ़ी में भी यह जिज्ञासा है, पर प्रतिस्पर्द्धा की आपाधापी में हम इस कौशल को भूल न जाएँ, प्रयत्नपूर्वक इसे विकसित करें।

स्वावलंबन, कला और यंत्रविद्या तीनों श्रेणियों के कौशल विकसित करने के लिए नित्य अज़्यास ही एकमात्र उपाय है। कौशल के नैपुण्य

में ही हमारी कुशलता है और सार्वजनिक हित के उद्‌देश्य के प्रति समर्पित कौशल ही मानवता के लिए मंगल होता है।

अज़्यास भैया अज़्यास!

आधी रात का समय था। हस्तिनापुर के प्रासाद में सब ओर शांति थी। अर्जुन को लघुशंका के लिए जाना पड़ा। हाथ में मशाल लिये अर्जुन जब मैदान से लौट रहा था तो उसे भोजनालय में से कुछ खटपट की आवाज आई। जब जाकर के देखा तो भीम महाराज थाली में चावल का पहाड़ रचकर खा रहे थे। अर्जुन को देखकर सहम गए और अपनी सफाई देने लगे, "क्या है न, आप सब भाई थोड़ा-थोड़ा खाकर अपना भोजन समाप्त कर देते हो, तो आपके साथ मुझे भी रुकना पड़ता है। पर पेट तो खाली ही रहता है। लज्जा के मारे मैं भी उठ जाता हूँ। पर रात को इतनी भूख लगती है कि यहाँ आकर जो मिलता है, वो खा लेता हूँ। अब माता कुंती को पता है तो वे मेरे लिए कुछ ज्यादा ही बचाकर रखती हैं। देखो, बाकी लोगों को मत बताना। सब हँसेंगे।" अर्जुन ने कहा, "मैं आपकी समस्या समझ सकता हूँ। मैं किसी को नहीं बताऊँगा। पर मुझे एक प्रश्न पूछना है, अँधेरे में आप खा कैसे लेते हो? हाथ सीधा मुँह तक कैसे पहुँच जाता है? इधर-उधर क्यों नहीं जाता?" भीम खिलखिलाकर हँस पड़े, "अज़्यास भैया अज़्यास! आचार्य बताते हैं न, सब कुशलता अज़्यास से ही आएगी। तुम धनुर्विद्या का अज़्यास करते हो मैं भोजविद्या का।" अर्जुन को मंत्र मिल गया—'अज़्यास भैया अज़्यास!' उसने रात को धनुर्विद्या का अज़्यास करना प्रारंभ किया और अँधेरे में भी निशाना लगाने में निपुण हो गया।

केवल कुशलता ही नहीं, व्यक्तित्व के सारे बाह्य आयाम बल, रूप, स्वास्थ्य व कौशल सभी अज़्यास के द्वारा ही विकसित किए जा

सकते हैं। अज़्यास को योग में भी वैराग्य के साथ सबसे अधिक महज़्व का साधन माना गया है। महर्षि पतंजलि अज़्यास की व्याज़्या करते हैं— "स तु दीर्घकाल नैरंतर्य सत्कारसेवितो दृढ़भूमि।" अर्थात् 'दीर्घकाल तक निरंतरता से सहज दृढ़तापूर्वक किया कार्य अज़्यास' कहलाता है। हम बहुत अधिक तकनीकी चर्चा नहीं करेंगे। हमारे व्यावहारिक प्रयोग के लिए अज़्यास के तीन अंगों का समझना पर्याप्त है।

एकाग्रता

अज़्यास किसका करना है—एकाग्रता का। कैसे करना है—अनुशासन से करना है। और कब करना है—सातत्य से करना है दीर्घकाल तक। स्वामी विवेकानंद के अनुसार प्रत्येक व्यक्ति के पास असीम शक्ति है, किंतु कौन व्यक्ति कितनी शक्ति का अपने जीवन में लक्ष्य-प्राप्ति की ओर प्रयोग कर पाता है, यह इस बात पर निर्भर करता है कि किसके पास कितनी एकाग्र होने की क्षमता है। एकाग्रता की क्षमता प्रत्येक में होती है। अज़्यास से उसको बढ़ाया भी जा सकता है और अधिक प्रभावी भी बनाया सकता है। मन में प्रचंड ताकत है, पर वह बिखरी हुई होने के कारण चरित्र के विकास में साधक नहीं हो सकती। यदि हम इस मन को एकाग्र होने का प्रशिक्षण प्रदान करते हैं तो यह मन की शक्ति दृढ़भूमि बनकर इच्छाशक्ति बन जाती है।

आसन, प्राणायाम तथा सूर्यनमस्कार—योग के इन सभी अज़्यासों में मूलतः मन को एकाग्र करने का ही अज़्यास होता है। त्राटक जैसी विशेष शुद्धिक्रिया भी सीख सकते हैं, जो सीधे मन की एकाग्रता को बढ़ाती है। इन सबको सुयोग्य प्रशिक्षित शिक्षकों के मार्गदर्शन में सीखकर बाद में ही किया जा सकता है। धारणा-ध्यान आदि आंतरिक योग के साधन एकाग्रता में प्रशिक्षित होने के बाद ही संभव हो पाते हैं। पर

एकाग्रता को अपने व्यक्तित्व का अंग बनाने का सबसे सरल मार्ग है खेल। मैदानी खेलों में मन की एकाग्रता का सहज और आनंद के साथ विकास होता है। इसलिए पढ़ाई में भी यदि सबसे आगे बढ़ना है तो खेल का अज़्यास प्रारंभ कर दो। हाँ, नियमितता से अज़्यास।

अनुशासन

यह नियमितता भी तो अज़्यास से ही आती है। अनुशासन के अज़्यास से। अनुशासन अर्थात् स्वयं का स्वयं पर शासन। जो व्यक्ति किसी और के अधीन नहीं रहना चाहता है, उसे अनुशासित होना होगा। अनुशासन स्वयं के प्रति सज़्मान का प्रकटीकरण है। जो खुद से प्यार करता है, वह अपने जीवन को सहज ही अनुशासित कर लेता है। अनुशासित व्यक्ति अपने आप में बड़ा ही स्वतंत्र हो जाता है। युवाओं के मन में यह बहुत बड़ी गलतफहमी होती है कि अनुशासनहीन होने में आनंद है। वास्तव में यदि आप समय और शरीर को अनुशासित कर सकें तो आप पाएँगे कि आपके पास जो चाहे वो करने के लिए पर्याप्त समय भी होता है, सामर्थ्य और विकल्प चुनने की स्वतंत्रता भी। अनुशासित छात्र पढ़ाई नियमित करता है तो बकाया (Pending) काम कुछ भी न रहने से कम समय में ही मुक्त हो जाता है और फिर परीक्षा के मध्य भी अपनी रुचि के अनुसार खेल अथवा मनोरंजन के लिए समय निकाल लेता है।

समयपालन, आज्ञापालन और सुव्यवस्था—ये अनुशासन के अज़्यास के तीन मार्ग हैं। हम स्वयं तय करके समयपालन करें यह अपने जीवन का सज़्मान है। यदि हम किसी से समय तय करें तो उसका कड़ाई से पालन करें स्वयं के गठन के लिए। कहते हैं, नेपोलियन ने महज़्वपूर्ण मंत्रणा के लिए रखे गए भोज में सेनापति को देरी होने पर अकेले ही

भोजन कर लिया और बाद में सेनापति को भूखे पेट रहकर ही मंत्रणा प्रारंभ करनी पड़ी। किसी के यह कहने पर कि 20 सेकेंड ही तो देरी हुई थी, उज़्र दिया, ''रणभूमि में 20 सेकेंड का अंतर जीवन और मृत्यु के मध्य का अंतर होगा और इससे भी अधिक महज़्व की बात है कि यह विजय और पराजय के बीच का भी अंतर होगा। मैं विजय की आदत डालना चाहता हूँ। उसका प्रारंभ समय पालन की आदत से होता है।''

आज्ञापालन मन को अनुशासित करता है और बल, रूप स्वास्थ्य और कुशलता में यह अनिवार्य है। आज्ञा के रूप में मन के विरुद्ध बात को भी मान्य किया जाता है तब उसे आज्ञापालन कहते हैं। यदि पहलवान मन की माने और शरीर को कष्ट देनेवाले व्यायाम से कतराए तो कैसे बलवान होगा, पर यदि वह प्रशिक्षक की आज्ञा का पालन कर मन की कमजोरी को जीत ले तो अवश्य अपराजेय हो जाएगा। इसलिए जीवन में विजयी व्यक्तित्व को गढ़ना है तो मनमानी नहीं चलेगी, आज्ञामानी ही दौड़ेगी। तो हर बार कार्य करते समय स्वयं को पूछें—मनमानी या आज्ञामानी?

सुंदरता के लिए शारीरिक अनुशासन अर्थात् सुव्यवस्था अत्यावश्यक है। आकर्षण चुंबक के आयनों के अनुशासित होने से आता है यह हमने देखा था। इसका अज़्यास हमें अपने स्वामित्व की हर वस्तु को सुव्यवस्थित करने से करना होगा। जिस चीज को हम अपना कह देते हैं, उसके साथ अपने अहं के माध्यम से हम अपने चरित्र को जोड़ देते हैं। अर्थात् हमारे कपड़े, पुस्तकें, जूते-चप्पल, गाड़ी, खेल के उपकरण, गुड्डा-गुड्डी, जिसे भी हम अपना कहते हैं, सब हमारे व्यक्तित्व को न केवल दरशाते हैं, अपितु गढ़ते भी हैं। अत: शारीरिक अनुशासन का प्रारंभ इन चीजों को व्यवस्थित करने से होता है। पुस्तकें, कपड़े साफ-स्वच्छ, सुंदर

रखने में जो प्रयास लगे, वह हमारे मन को भी सुंदर कर देगा। अव्यवस्था से व्यवस्था और व्यवस्था से सुव्यवस्था का प्रवास जीवन को सुंदरता और सहज निर्मलता की ओर ले जाता है।

एकाग्रता और अनुशासन के साथ ही अज़्यास का सबसे श्रेष्ठ अंग है—सातत्य। महर्षि पतंजलि ने जिसे नैरंतर्य कहा है—निरंतरता अथवा सातत्य।

रीसेट मत कर देना!

जर्मन साधक बड़ी श्रद्धा से जप कर रहा था। गंगाजी का किनारा, सामने विशाल हिमालय के उज्तुंग शिखर! उज़रकाशी में गंगाजी मुड़कर उज़रवाहिनी हो जाती हैं। कहते हैं, उसके किनारे जप करने से त्वरित सिद्धि हो जाती है। अपने जर्मन साधक का विश्वास तो और भी अधिक दृढ़ था। उसके गुरु ने उसको बताया था कि यदि वह मंत्र का सवा लाख जप कर देगा तो रामजी उसे अवश्य दर्शन देंगे। उसके हाथ में अणुगणक (Electronic Counter) था। एक छोटा सा यंत्र जिस पर दो खटके (Buttons) थे। एक गणना के लिए, एक बार मंत्र का पाठ करने पर इस बटन को दबाने से गणना आगे बढ़ती थी। दूसरा बटन था—पुनरारंभ (Reset) का, जिसको दबाने से गणक फिर शून्य पर आ जाता था। अर्थात् सारी गणना फिर प्रारंभ होगी। वह अपने देश जर्मनी से भारत कई बार आया था, शांति की खोज में। गत वर्ष गुरुजी मिले और फिर यहीं रह गया। एक दिन बड़ी हिज़्मत करके उसने गुरुजी से पूछा, "क्या मैं रामजी के दर्शन कर सकता हूँ?" गुरुजी ने तुरंत उज़र नहीं दिया। कहा, रामजी से पूछकर बताता हूँ। फिर एक दिन बाद बताया कि सवा लाख जप करोगे तो रामजी दर्शन दे देंगे। श्रद्धा से साधक बैठ गया जप करने। सामने एक परदा लगा दिया, ताकि रामजी उस

पर प्रगट हो सकें। जप बड़ी श्रद्धा से चल रहा था। बीच-बीच में गणक देख लेता।

जप एक लाख के पार हुआ, पर रामजी का कोई चिह्न नहीं—न पैर, न मुकुट। थोड़ा सा विचलित हुआ। सोचा—कहीं कुछ गड़बड़ तो नहीं हो गई? फिर भी एकदम श्रद्धा तो नहीं टूटी, इसलिए लगा रहा। पर जब केवल 1000 ही मंत्र बाकी रहे तब तो लगा मामला निश्चित ही गड़बड़ है और उठ गया। गुरुजी के पास जाकर आवेश में कहने लगा, ''आप गलत कहते हैं। आपने कहा था, जप करने से रामजी दर्शन देंगे, पर ऐसा नहीं हुआ। मैंने श्रद्धा से जप किया, पर दर्शन नहीं हुए।'' गुरुजी ने आश्चर्य से कहा, ''ऐसा नहीं हो सकता। स्वयं रामजी ने कहा था, यदि सवा लाख जप कर लिया तो वे दर्शन अवश्य देंगे। तुमको विश्वास है तुज़्हारी मालाओं की गिनती ठीक थी, कहीं जप अधूरा तो नहीं रह गया?'' शिष्य ने कहा, ''त्रुटि की कोई संभावना ही नहीं है, अणु गणक है, श्रेष्ठतम; (Perfect) है।'' गुरुजी ने कहा, ''दिखाओ!'' उसने देते हुए ही स्पष्ट किया, ''अभी 1 लाख 24 हजार हुए हैं। 1 हजार बाकी ही हैं, पर रामजी का तो एक भी अंग प्रगट नहीं हुआ। मेरा परदा कोरा (Blank) ही है।'' गुरुजी जोर-जोर से हँसने लगे, ''वाकई तुज़्हारा परदा तो कोरा ही है। अरे पगले! रामजी प्रत्यक्ष दर्शन देंगे, जैसे हम तुज़्हें दिख रहे हैं। इससे भी अधिक प्राणवान। कोई परदा नहीं चाहिए और सवा लाख पूरा होने पर ही दर्शन होंगे। 1 लाख 24 हजार 9 सौ 99 से भी नहीं होगा।'' जर्मन साधक ने कहा, ''ठीक है, 1000 ही बचे हैं, अभी घंटे भर में कर लूँगा।'' गुरुजी ने मुसकराते हुए रीसेट का बटन दबा दिया और कहा, ''ऐसे नहीं होता। एक भी व्यवधान का अर्थ है गणना का शून्य होना। अब फिर सवा लाख पूरा करना होगा।'' अज़्यास में सातत्य का यही महज़्व है।

सातत्य–निरंतर अज़्यास ही प्रभावी होता है। हम सब अपने जीवन में कुछ पाने की आकांक्षा से संकल्प लेकर बड़ी श्रद्धा से प्रयास करते हैं, पर गड़बड़ यही हो जाती है कि सातत्य नहीं बना पाते। कुछ–न–कुछ बहाना बन जाता है और हम नियम तोड़ देते हैं। गणना शून्य हो जाती है, साधना रीसेट हो जाती है। अत: सातत्य का बड़ा महज़्व है। लगातार करने से ही अज़्यास सिद्ध होता है। हम अपने घर में ही देख सकते हैं, हमारी माँ प्रतिदिन नियम से कुछ काम करती ही हैं। साधारण से कार्य हैं, जैसे तुलसी को पानी डालना, शाम को दीया–बाती करना, ज्यादा समय या श्रम नहीं लगता। पर हाँ, ध्यान रखना तो पड़ता ही है। और इसी से एकाग्रता और अनुशासन आता है। सातत्य से करने से अज़्यास सिद्ध हो जाता है। इसीलिए हम पाते हैं, साधारण गृहिणी में अद्‌भुत इच्छाशक्ति होती है। पन्नाधाय और इमरता देवी जैसे असाधारण त्याग को भी वे सहजता से कर लेती हैं।

राजस्थान में जोधपुर के पास स्थान है खेजड़ी। वहाँ की एक साधारण ग्रामीण महिला ने पर्यावरण की रक्षा के लिए बलिदान कर दिया। जब राजा के सैनिक पेड़ काटने आए तो इमरता देवी एक पेड़ से चिपक गई। ''सिर कटे, तो कटै पर रुख ना कटै।'' वृक्ष की कीमत हमारी जान से भी बढ़कर है। 300 महिलाएँ इमरता देवी के बलिदान से प्रेरित होकर खेजड़ी के वृक्षों से चिपक गईं। राजा को हारना पड़ा, वृक्ष बच गए। आज वहाँ इमरता देवी के सज़्मान में उद्यान बना है। विश्नोइयों के 29 नियमों का सातत्य से पालन करने से एक सामान्य अनपढ़ महिला में पर्यावरण की रक्षा के लिए आत्मबलिदान करने का साहस पैदा हो गया।

हम अपने जीवन में प्रतिदिन करने के लिए छोटे–छोटे कुछ नियम बना लें और फिर पूर्ण श्रद्धा से उनका पालन करें। हमारा सातत्य ही

हमारा संबल बनेगा। जब आलस से नियम टूटने लगे तो अपने आप को याद दिलाएँ कि कितने दिनों, महीनों या वर्षों से बिना एक दिन का भी विराम लिये हम इस कार्य को कर रहे हैं। तो फिर मन कहेगा, आज एक दिन न करने से इतनी बड़ी गणना शून्य हो जाएगी और यह बात हमें नियम तोड़ने से परावृज़ करेगी। कहते हैं कि 12 साल लगातार बिना एक भी खंड के अज़्यास करने पर एक तप सिद्ध होता है। एक मनुष्य को अपने जीवन में कम-से-कम 12 तप करने अपेक्षित हैं। अब प्रश्न आएगा 144 वर्ष तो आयु ही नहीं है, फिर यह कैसे संभव है ? सरल सी बात है, एक बार में एक तप ही करना थोड़े ही आवश्यक है। एक साथ छोटे-छोटे 6-7 नियम बना सकते हैं। आचार्य तुलसी इसे अणुव्रत साधना कहते थे। पर याद रहे, अज़्यास रीसेट न हो जाए!

एक नजर में देखें तो बाहरी व्यक्तित्व विकास के साधन हैं— बल, रूप, स्वास्थ्य व कौशल। बल के अंतर्गत शक्ति, तितिक्षा व चपलता का विकास करना होता है। प्रत्येक रूपवान तो है ही, किंतु इस रूप के आकर्षक होने के लिए पवित्रता, प्रसन्नता व प्रमाण बद्धता का अज़्यास करना होगा। निरोगी होना तो अच्छे स्वास्थ्य का उपलाभ (By product) मात्र है। मन, बुद्धि व शरीर तीनों स्तरों पर अपने स्व में स्थित होना ही स्वास्थ्य है। इस सकारात्मक निरामयता को पाने के लिए प्राणवान होना अनिवार्य है। तीन प्रकार के कौशल में प्रशिक्षित होना पूर्ण जीवन सौष्ठव के लिए आवश्यक है। जीवनोपयोगी कौशल, जो हमें स्वावलंबी बनाते हैं। अभिव्यक्ति कौशल, जिसमें भाषा व कलाओं का प्रशिक्षण आता है तथा तीसरा तकनीकी कौशल, जिसमें आधुनिक साधनों का निपूर्णता से प्रयोग का प्रशिक्षण आता है।

बल, रूप, स्वास्थ्य व कौशल इन जीवन सौष्ठव के बाहरी साधनों के विकास का योगिक माध्यम है—अज़्यास। एकाग्रता का अज़्यास

करना है। अनुशासन के साथ करना है। अनुशासन की जीवन में उतारने के लिए सुव्यवस्था, समय पालन व आज्ञा पालन को आचरण में उतारना होगा। अज़्यास में सातत्य अनिवार्य है। निरंतरता के बिना अज़्यास निष्प्रभावी हो जाएगा तथा बल, रूप, स्वास्थ्य तथा कौशल को प्राप्त नहीं किया जा सकेगा।

सारांश

हम अपने जीवन गठन की प्रक्रिया को देख रहे हैं। आगे बढ़ने से पहले एक बार अब तक की बातों का सार समेट लेते हैं।

प्रत्येक का जीवन उसका अपना है, अद्वितीय है; फिर भी सब आपस में जुड़े हैं, एक ही जीवनरस से पोषित हैं। अतः सबका आपसी संबंध, अवलंबन व निर्भरता को ध्यान में रखते हुए प्रत्येक को अपना कार्य, भूमिका व ध्येय चुनना होता है। प्रकृति के इन नियमों के अनुसार ही जीवन जीना वैज्ञानिक विधि है। जीवनध्येय अपने जीवन के उद्देश्य के अनुरूप तो होना ही चाहिए, साथ ही समष्टि में अपनी भूमिका के लिए भी उपयुक्त हो। यह जीवन ध्येय ही अपनी आजीविका अर्थात् भौतिक जीवन लक्ष्य को तय करने में मुज़्य कारक होता है। जब जीवन ध्येय तय होता है, वही जीवन की दिशा भी तय करता है।

इस ध्येय को पाने के लिए अपने चरित्र का गठन करना अगला कार्य है। चरित्र गठन के आंतरिक व बाह्य आयाम होते हैं। आंतरिक आयाम अंत:करण से जुड़े होते हैं तो बाह्य आयाम शारीरिक क्षमता से। चरित्र गठन के आंतरिक साधन हैं—प्रेरणा, वीरता, धैर्य व विवेक। प्रेरणा में असंभव को संभव बनाने की क्षमता होती है। चुनौती को स्वीकार करने की ताकत ही वीरता है। प्रतिकूल परिस्थिति में भी मन को स्थिर रखने की अत्यंत कठिन साधना धैर्य से ही संभव है। निर्णय लेते समय

उपलज़्ध विकल्पों में से ही चुनाव करना विवेक का काम है। इन चारों आंतरिक आयामों का संतुलित विकास चरित्र गठन का महज़्वपूर्ण अंग है। प्रेरणा, वीरता, धैर्य व विवेक को एकत्रित रूप से श्रद्धा कहा जा सकता है। स्वामी विवेकानंद युवाओं में नचिकेता सी श्रद्धा का आह्वान करते है। हमने नचिकेता के जीवन के उदाहरणों से ही समझा कि श्रद्धा का विकास कैसे कर सकते हैं? नियमित आत्मावलोकन, सभी प्रकार की परिस्थिति में उत्साह तथा मन को विस्तारित करनेवाला वैराग्य श्रद्धा को दृढ़ करने के साधन है।

चरित्र गठन के बाह्य आयाम शारीरिक लगते हैं, किंतु वास्तव में ये पूर्ण व्यक्तित्व की ही अभिव्यक्ति करते हैं। बल में केवल शक्ति ही नहीं तो साथ में तितिक्षा व चापल्य भी आवश्यक है। बल के साथ ही बाह्य आयामों में रूप भी महज़्वपूर्ण है। शुद्धि के साथ अनुशासन से ही व्यक्तित्व में आकर्षण उत्पन्न होता है। यह आकर्षण ही रूप का निखार है। स्वास्थ्य को केवल बीमारी से बचाव नहीं माना जाना चाहिए। स्वस्थ होने के लिए सकारात्मक चिंतन भी आवश्यक है। चरित्र का चौथा बाह्य आयाम है—कौशल। स्वावलंबन, यंत्र तथा कला का कौशल विकसित करना एक सुगठित चरित्र के लिए अनिवार्य है। बल, रूप, स्वास्थ्य व कौशल इन चारों के विकास के लिए अज़्यास ही एकमात्र साधन है। योगाचार्य पतंजलि दीर्घकाल तक निरंतरता से सेवाभाव से किए कार्य को अज़्यास कहते है। हमने देखा कि अज़्यास एकाग्रता का करना है और पूर्ण अनुशासन व अखंड सातत्य के साथ करना है।

चरित्र गठन के इन आंतरिक व बाह्य अयामों को एक प्रवाह चित्र के रूप में एकत्र देख लेते हैं—

चरित्र निर्माण के आयाम

□

5

जीवन-मूल्य

जो बनाए हमें मूल्यवान

किसी भी नोट पर उसका मूल्य लिखा होता है। किंतु वह मूल्य रिजर्व बैंक के गवर्नर के आश्वासन का मूल्य होता है, न कि नोट के कागज और छपाई आदि का। अर्थात् जिस देश का नोट है, उसमें तो उसका वही मूल्य होगा, पर उस देश के बाहर जाते ही उस कागज का मूल्य कुछ भी नहीं रहेगा, क्योंकि उस नोट का मूल्य उसका अपना नहीं है। राज्य की सज़ा द्वारा प्रदज़ मूल्य ही वह कागज का टुकड़ा धारण करता है। उसी प्रकार मनुष्य भी अपने स्थान, परिवार, व्यवसाय, पद आदि के कारण जो महज़्व पाता है, वह भी उसका स्वयं का मूल्य नहीं होता अपितु उस-उस उपाधि के द्वारा मनुष्य पर भावित मूल्य होता है। ऐसे उपाधिमूल्य (Face Value) की अवधि (Expiry) उपाधि के साथ ही समाप्त होती है। जैसे जिले के जिलाधीश (Collector) को मिलनेवाला मान-सज़्मान पद के होने तक ही होता है। पद के छूट जाने के बाद उसे वह सज़्मान नहीं मिलेगा। हृदय रोगियों के बारे में किए आधुनिक अनुसंधानों में पाया गया है कि सेवानिवृज़ि के पश्चात् के 1-

2 सप्ताह में हृदयाघात के प्रकरण अधिक होते हैं। कारणों की मीमांसा में दो प्रमुख कारण पाए गए—1. अचानक कार्यनिवृत्ति के कारण आए खालीपन से उत्पन्न निरर्थकता का भाव तथा 2. पदविहीन होने से लोगों के व्यवहार में आए परिवर्तन का झटका (Shock)। जो अधिकारी प्रतिदिन सज़्मान का आदी हो जाता है, उसे अचानक खाली हो जाने से सज़्मान मिलना बंद हो जाता है, जिसे सहन करना कठिन हो जाता है। यह स्थिति उपाधि-मूल्य के नष्ट हो जाने के कारण होती है, क्योंकि हम अपने वास्तविक मूल्य पर ध्यान नहीं देते।

हमारा वास्तविक मूल्य हमारा आंतरिक मूल्य (Intrinsic Value) होता है, जो हमारे चरित्र का प्रभाव होता है। जिस प्रकार सिक्के में धातु का मूल्य होता है, वह उसका आंतरिक मूल्य होता है। वर्तमान में जो एक रुपए का सिक्का है, उसके धातु का मूल्य 1 रुपए से अधिक है। इस कारण कई शहरों में ऐसे गिरोह कार्य कर रहे हैं, जो इन सिक्कों को गलाकर इनमें से प्राप्त होनेवाली मूल्यवान धातु को बेचने का धंधा करते हैं। यह ऐसा उदाहरण है, जहाँ उपाधि-मूल्य से आंतरिक मूल्य अधिक है। मनुष्य का भी आंतरिक मूल्य ही महज़्वपूर्ण होता है, क्योंकि वह परिस्थिति, पद, संबंध ऐसे परिवर्तनीय कारकों पर निर्भर नहीं होता। चाहे बाह्य कारक पूर्णतः बदल जाए, फिर भी जो आंतरिक चरित्र है, उसका मूल्य वैसे ही बना रहेगा। इसी आधार पर कठिन परिस्थितियों में भी वीर अपने लक्ष्य की प्राप्ति कर ही लेते हैं। स्वामी विवेकानंद जब अमेरिका में गए तब उनका परिचय-पत्र आदि सब सामान सब चोरी हो गया। पराए देश में एक भी परिचित व्यक्ति नहीं, जहाँ जाना है वहाँ का पता नहीं। अर्थात् उपाधि-मूल्य कुछ भी नहीं। ऐसे समय उनका साथ दिया उनके आंतरिक मूल्य ने, उनके चरित्र ने और ज्ञान ने। इस असंभव स्थिति में भी पूर्ण श्रद्धा के साथ उन्होंने अपने लक्ष्य को प्राप्त किया।

बोस्टन में, शिकागो में जिन लोगों से उनका परिचय हुआ, वे सब उनसे प्रभावित हुए बिना नहीं रहे। जिस घर में वे रहते थे, वहाँ की गृहस्वामिनी अपनी सहेलियों की चाय पार्टी में स्वामीजी को एक अजूबे के रूप में, मसखरे के रूप में प्रस्तुत करती थी। पर उनकी बातों में भरा जीवन का ज्ञान इस विडंबना और अपमान को पार कर फैलता गया। फिर उन महिलाओं के परिवारों के प्रबुद्ध सदस्य आकर्षित होते गए और स्वामी विवेकानंद की ज़्याति सुरभि की भाँति सर्वत्र फैल गई। विद्वानों ने उन्हें परिचय और संदर्भ देकर शिकागो भेजा। हार्वर्ड के प्रोफेसर राइट ने धर्मसभा के आयोजक फादर बैरोज को पत्र लिखा। ये सब आंतरिक मूल्य के परिणाम थे।

हम अपने जीवन में सतत अपने आंतरिक मूल्य को बढ़ाते रहें, ताकि उपाधि मूल्य पर हमारे जीवनलक्ष्य की प्राप्ति निर्भर न हो। अभी तक इस शृंखला में हमने जो भी जीवन निर्माणकारी बातों की चर्चा की है, वे सारी ही आंतरिक मूल्यवृद्धि में सहायक हैं। हमारा मूल्य कैसे निर्धारित होगा? दूसरों के मूल्यांकन से न तो हमारा मूल्य घटता है, न बढ़ता है। सबकुछ हमारे अपने जीवन में हम किन बातों को वरीयता देते हैं, इस पर निर्भर है। हम जीवन में जिन बातों को मूल्य देंगे, वे तय करेंगी कि हमारा आंतरिक मूल्य क्या है? अत: हमारे जीवनमूल्य हमारा मूल्य निर्धारित करते हैं। कोई व्यक्ति पैसे को इतना मूल्यवान समझता है कि उसके लिए सबकुछ कर सकता है। अब उसके जीवन-मूल्य इस बात से प्रभावित होंगे ही। उसका व्यवहार व दिनचर्या, आदतें, मित्र, संबंध सब इसी से निर्धारित होंगे। कोई अपनी कला-साधना को सर्वाधिक मूल्य प्रदान करता है और उसके लिए कुछ भी त्यागने को तैयार हो सकता है। ऐसे भी उदाहरण हैं, जिन्होंने देशकार्य में समर्पित होने के लिए अपने कला-जीवन को तिलांजलि दी। हम जीवन में जिन बातों को

मूल्यवान समझते हैं, उनके लिए त्याग करते हैं। कुछ चीजों को धारण करते हैं, कुछ को छोड़ देते हैं। इस प्रकार की छँटनी से हमारे जीवन की अपनी शैली विकसित होती है। यह शैली ही हमारे जीवन-मूल्य तय करती है, अर्थात् यह प्रक्रिया परस्पर पूरक है।

यह केवल व्यक्तिगत स्तर पर ही नहीं होता, अपितु सामूहिक भी होता है। समाज अपनी जीवन-दृष्टि के अनुसार वरीयताएँ निश्चित करता है और इस आधार पर ही उन बातों का भी निर्धारण होता है, जिनको सर्वाधिक मूल्य प्रदान करना है। जैसे विश्वविद्यालय के शिक्षकों के समूह में ज्ञान व अनुसंधान का अधिक मूल्य होगा तो सेना के अधिकारियों के क्लब में मान वीरता को दिया जाएगा, फिर ज्ञान कुछ कम ही क्यों न हो। पर कई बार यह इतना स्पष्टरूपेण विभाजित नहीं होता। जैसे जब समाज में सब ओर पैसे का ही बोलबाला हो और संपदा के आधार पर ही प्रतिष्ठा भी मिलती हो तो फिर शिक्षकों की चर्चा में भी पगार और बैंकों की ज़्याज दरों की बातें प्रमुख स्थान लेने लगती हैं। पूरे देश की जीवनशैली उसके द्वारा विकसित एवं प्रचलित जीवन-मूल्यों पर निर्भर होती है।

स्वामी विवेकानंद कहते हैं कि प्रत्येक देश का अपना स्वभाव होता है। उसी के अनुसार जीवन जीने से उसका पूर्ण विकास संभव है। भारत का प्राणतज़्व है—धर्म! उसी के अनुरूप जीवन-मूल्यों को प्रतिष्ठित करने से ही भारत अपने जीवन-ध्येय को प्राप्त कर सकेगा। क्या हैं हमारे राष्ट्रीय जीवनादर्श और उन पर आधारित जीवन-मूल्य?

हमारे राष्ट्रीय जीवन-मूल्य

एक माँ अपनी युवा बच्ची की शिकायत करती है कि मेरी बेटी मुझसे प्रेम नहीं करती। कारण—मदर्स डे पर बेटी माँ को 'I Love You !!'

लिखकर कार्ड देती है। इस पर माँ का कहना है, जो कार्ड से बताना पड़े वो प्यार नहीं हो सकता। दूसरी ओर कॉलेज में पढ़ने जा रही एक युवती कहती है, मेरे पिताजी मुझसे प्रेम नहीं करते। कैसे पता चला? होंडा की एक्टीवा माँगी थी, परंतु पिताजी ने सस्ती छोटी गाड़ी खरीद दी।

दोनों बातों में तत्त्व एक ही है। क्या भावों को वस्तुओं से तौला जा सकता है? यह समाज के बदलते सांस्कृतिक मूल्यों का अनिवार्य संघर्ष है, जिसे हम पीढ़ियों के भेद (Generation Gap) के रूप में देखते हैं। माँ सोचती है कि प्रेम जैसे सूक्ष्म भावों की अभिव्यक्ति भौतिक वस्तु के रूप में नहीं हो सकती। ऐसा करने का प्रयास उन भावों का अपमान है। सस्ती गाड़ी से अपने पिता का प्रेम तौलनेवाली बेटी भौतिकवाद की शिकार है। उसके लिए संबंधों की अभिव्यक्ति वस्तुओं से ही होती है। इसमें उसका दोष नहीं है। बचपन से ही उसने जन्मदिन के अवसर पर मिलनेवाले उपहारों से मित्रता को तौलना सीखा। अपने व्यवसाय की व्यस्तता के कारण समय न दे पानेवाले अभिभावकों को उपहारों से भरपाई करते हुए पाया। तो उसको यही समझ में आया कि मेरे लिए जो सबसे अधिक खर्च करता है, वही सबसे ज्यादा प्यार करता है।

समाज का व्यवहार उसके द्वारा पोषित मूल्यों से निर्धारित होता है और मूल्यों का पोषण व्यवहार से ही होता है। भारतीय संस्कृति का विकास सहस्राब्दियों की विकट यात्रा से हुआ है। अनेक आक्रमणों के मध्य भी हमने अपने मूल्यों का पोषण किया है। इन मूल्यों ने ही हमारी रक्षा की है। हमने इन मूल्यों को धर्म के अधिष्ठान में सहजता से प्रवाहित किया। धर्म का अर्थ सामान्यतः उपासना से लिया जाता है। किंतु भारत में धर्म प्रत्येक के विकास का सामान्य मार्ग है। हमारी विकास की अवधारणा समुत्कर्ष की है। समुत्कर्ष अर्थात् सम्यक्, संतुलित उत्कर्ष।

भौतिक विकास को अज़्युदय तथा आध्यात्मिक विकास को नि:श्रेयस कहा जाता है। अज़्युदय तथा नि:श्रेयस के संतुलित विकास को समुत्कर्ष कहते हैं। इसका मार्ग है—धर्म।

धर्म का पालन कर उसका विकास करने पर मूल्यों का ह्रास संभव नहीं है। हमने भौतिक उन्नति को कभी नहीं रोका। हम तो महालक्ष्मी के पुजारी हैं। आज भी हमारे मंदिरों में धन के भंडार भरे हैं। हमारा आग्रह केवल इतना था कि यह धन-संपदा धर्म से अर्जित हो। किसी एक की कीमत पर दूसरे की कमाई तो सच्चे अर्थ में कमाई कहाँ होगी? वह तो एक जेब से पैसा दूसरी जेब में डालने जैसी बात है। आज विश्व के सज़्मुख यही समस्या है। हमने पर्यावरण की, मानवीय संबंधों की कीमत पर ऐश्वर्य तो बना लिया पर मानव सुखी नहीं हो पाया। अत: आज विश्व की मानवता की रक्षा के लिए भारतीय जीवन-मूल्यों की रक्षा अत्यावश्यक है। ये मूल्य कालबाधित नहीं हैं। समय के साथ इनको युगानुकूल व्यवस्था में ढाला जा सकता है और इसी अर्थ में ये सार्वकालिक हैं। आइए, इनमें से कुछ राष्ट्रीय जीवन-मूल्यों को सूचीबद्ध करने का प्रयास करते हैं।

1. एकात्मता—समाज में व्यवहार करते समय यह द्वंद्व सदैव रहा है—व्यक्ति का स्वातंत्र्य अधिक महज़्वपूर्ण होगा या समाज का हित। भारतीय संस्कृति व्यक्ति को एकात्म स्वरूप में देखती है, अत: व्यक्ति-परिवार-समाज इन सबको पृथक्-पृथक् न देखते हुए मानव का ही विस्तारित रूप देखा जाता है। जब परिवार मेरा ही विकसित रूप है तब उसके लिए किया गया त्याग मुझे हर्ष प्रदान करेगा। ऐसे ही समाज-राष्ट्र-मानवता-सृष्टि इन विकसित रूपों का भी मुझसे जो एकात्म है, वह मेरे दैनिक व्यवहार का अंग बनना चाहिए। इसी में से प्राणियों को प्रतिदिन ग्रास देना, वनस्पति को जल, ऐसी परंपराओं का निर्माण हुआ।

अतिथि को भोजन कराना गृहस्थ का धर्म माना गया। ये सब एकात्म मानव के जीवनादर्श के व्यावहारिक प्रगटन से उपजे जीवन-मूल्य हैं। सरस्वती सज़्यता के पुरातज़्व अवशेषों से प्रारंभ कर आज तक इन परंपराओं का सातत्य देखा जा सकता है। इसी क्रम का अंतिम चरण परमेष्टि भी मेरा ही विकसित स्वरूप है और उसका साक्षात्कार भी इसी जीवन का आदर्श है। अत: प्रतिदिन ध्यान-पूजा का भी महज़्व है।

2. त्याग व सेवा—स्वामी विवेकानंद त्याग और सेवा को भारत के राष्ट्रीय आदर्श मानते थे। उनके अनुसार जब-जब हमने इन आदर्शों को दुर्लक्षित किया तब-तब हमारी संस्कृति का पतन हुआ। आज भी हम समाज में त्याग को ही प्रतिष्ठा प्रदान करते हैं। भोग का अधिकार ही त्याग द्वारा प्राप्त होता है, यह हमारा आदर्श है। जिसका त्याग जितना बड़ा होगा, समाज में उसका सज़्मान उतना ही अधिक होगा। त्याग का प्रगटीकरण जब धन के रूप में होता है तो उसे दान कहते हैं। शास्त्रों के अनुसार, दान से ही आय का अर्जन शुद्ध होता है। अत: शास्त्र आय का छठा हिस्सा दान करने की आज्ञा देते हैं। त्याग का कर्म रूप में प्रगटीकरण है—सेवा। प्रत्यक्ष सेवा से प्राप्त निर्मलता का वर्णन नहीं किया जा सकता। यह तो अनुभव करने से ही संभव है। एक छोटे से प्रत्यक्ष सेवाकार्य से जो आनंद अनुभव होता है, वह करोड़ों की प्राप्ति अथवा विश्वविजय से भी नहीं हो सकता।

3. आंतरिक सौंदर्य—शरीर को भोग का आधार माननेवाले समाज में शारीरिक सौंदर्य के बाह्य स्वरूप को अधिक महज़्व दिया जाता है। प्रसाधन जीवन में अनावश्यक वर्चस्व पा जाते हैं। जैसा वर्तमान में पाश्चात्य सज़्यता के प्रभाव में हमारे शहरों में हो रहा है। अपने शरीर को निर्मल रखने के स्थान पर पसीने की बदबू को छिपाने के लिए बदबूनाशकों (De-odorants) का प्रचार हो रहा है। विज्ञापनों में उनके प्रयोग का

उद्‌देश्य भी केवल यौनाकर्षण को ही दरशाया जा रहा है। भारत में हम सौंदर्य के आंतरिक रूप को महज़्व देते हैं। शरीर भी धर्म का साधन माना जाता है, इस कारण उसके अंदर से निर्मल होने को महज़्व दिया जाता है। सौंदर्य का बोध भी इसी निर्मलता से जुड़ा होता है, अतः प्रसाधन शास्त्र भी आंतरिक शुद्धता के उपाय को महज़्व देते हैं। ये उपाय अधिक स्थायी सौंदर्य प्रदान करते हैं। दिखावे को महज़्व न होने के कारण वेषभूषा भी अंगप्रदर्शन करनेवाली न होकर अंगों के प्रमाणबद्ध होने को ठीक से प्रदर्शित करनेवाली होती है। संबंधों का भी प्रकटतः दिखावा नहीं किया जाता। प्रेम जैसे नाजुक भावों को एकांत में ही प्रकट किया जाता है। सार्वजनिक दिखावे से संबंध भी प्रदर्शन की वस्तु बन जाते हैं और छोटे से झटके से ही टूट जाते हैं।

4. संबंध—भारतीय संस्कृति संबंधों की संस्कृति है। हम अजनबी से भी संबंध स्थापित कर लेते हैं। सड़क चलते हुए भी किसी को संबोधित करने में भैया, मौसी, ताउ ऐसे संबंधसूचक शज़्दों का ही प्रयोग करते हैं। पूरा गाँव संबंधों से जुड़ा होता है। प्रकृति से भी हम संबंध जोड़ लेते हैं और गंगा मैया बन जाती है तो चंदा मामा। यह संबंध ही मानवीय एकात्मता की पूँजी है। संबंधों का निर्वाह यदि समाज में होता रहे तो धर्म सदा जीवित रहेगा।

5. विविधता—भारत ही एकमात्र देश है जहाँ विविधता का केवल सज़्मान ही नहीं होता, समारोह भी होता है। एक अंदरूनी तज़्व का प्रकटीकरण विविधता से ही होता है, इस नैसर्गिक नियम को भारत में ठीक से समझा गया। अतः हमने वेषभूषा, भोजन जैसे सामान्य व्यवहार से लेकर उपासना की पद्धति जैसे धार्मिक विषयों में भी विविधता को प्रोत्साहित किया है। हमने कहीं भी एकरूपता का आग्रह नहीं किया। योग जैसी वैज्ञानिक विधा में भी अभिव्यक्ति स्वातंत्र्य को भारत में महज़्व

दिया गया है। आज सूर्यनमस्कार के 6 प्रकार भारत में प्रचलित हैं। कला में भी हमने एकरूपता का आग्रह नहीं किया। श्रेष्ठता का मापदंड सामान्यीकरण (Standardization) न होकर मौलिकता रहा। अतः चंदेरी, बनारसी अथवा कांजीवरम् की साड़ियों को बनाने वाले कारीगरों को नकल की जगह मौलिक नाविन्य का प्रशिक्षण दिया जाता है। उस कलाकार को श्रेष्ठ माना जाएगा, जो नया प्रारूप (Design) तैयार करे। जिसमें कला अधिक न हो, उसको पुराने प्रारूप दोहराने की मजदूरी पर लगाया जाता है। आज भी यह परंपरा जीवित है। उपासना पद्धति में विविधता के सज़्मान ने इस देश में सहजीवन व सर्वपंथ समभाव का अनुकरणीय आदर्श प्रस्तुत किया है। कट्टरता के कारण आतंकवाद के स्थायी समाधान हेतु विश्व को यह जीवन-मूल्य अपनाना अनिवार्य है।

6. निर्भयता—स्वामी विवेकानंद कहते हैं, हमारे उपनिषदों में एक शज़्द बार-बार आता है अभिः-अभिः—डरो मत। माताएँ बच्चों को निर्भयता से जीने की शिक्षा दें तब समाज वीर होगा। सबसे बड़ा भय तो मृत्यु का ही होता है न, हम तो बचपन से जानते हैं कि आत्मा अमर है। केवल इसे व्यवहार में उतारने की आवश्यकता है। यह अन्य सभी जीवन-मूल्यों की नींव है। हम अपने जीवन में मूल्यों से समझौता भय के कारण ही करते हैं। असफलता का भय, पिछड़ने का भय, अस्तित्व का भय, प्रतिष्ठा का भय, इन्हीं के कारण हम जीवन में मूल्यों को छोड़ने की भूल करते हैं। यदि भय को जीत लें तो फिर मूल्याधारित जीवन जीना सहज ही हो जाता है।

इन जीवन-मूल्यों ने काल के कठिन प्रवाह में भारतीय संस्कृति को जीवित रखने का कार्य किया है। हमारे पूर्वजों ने प्राणों पर खेलकर इन जीवन-मूल्यों की रक्षा की है। बड़े-बड़े साम्राज्य तहस-नहस हो गए, पर

भारत केवल जीवित ही नहीं विजय-पथ पर अग्रसर हो रहा है। आज सारा विश्व इन जीवन-मूल्यों को अपनाने को लालायित है। केवल हमें अपने सामूहिक प्रयास से इनकी पुनर्स्थापना कर प्रतिष्ठा प्रदान करनी है। एकात्मता, त्याग व सेवा, आंतरिक सौंदर्य, संबंध विविधता का सज़्मान तथा निर्भयता भारत के राष्ट्रीय जीवनमूल्य हैं। इन्हें जीवन में उतारने से हमारा जीवन मूल्यवान हो जाएगा। इन्हें व्यवहार में लाने को ही भारत में सदाचार कहा जाता है।

सदाचार-व्यवहार में उतरे जीवनमूल्य

वर्तमान में सदाचार के नाम पर बाहरी दिखावे का प्रशिक्षण दिया जाता है। व्यावसायिक सफलता के लिए इसे अनिवार्य माना जाता है। केवल बाहरी बरताव बदलने से जब सफलता मिलती है तब अंदर से ही व्यवहार बदल जाने से उसका कितना गहरा प्रभाव होगा। सदाचार तो जीवनमूल्यों को व्यवहार में उतारना है।

सेवा में पहले मैं और सुविधा में पहले आप!

राजा की सवारी निकली थी। आगे-आगे सेना की एक टुकड़ी मार्ग में आनेवाले लोगों को रोककर मार्ग खाली करने के काम पर लगी थी। एक महात्मा बीच रास्ते में बैठे थे। अपनी ही मस्ती में थे। एक सैनिक उनके पास जाकर चिल्लाया, "उठो! रास्ता खाली करो! राजा की सवारी आ रही है।" महात्मा हटे नहीं, उस सैनिक से पूछा, "तुम कौन हो?" अपना गणवेष दिखाकर बोला, "मुझे नहीं जानते? मैं राजा की विशेष रक्षा वाहिनी का सिपाही हूँ। हटो! नहीं तो…"

महात्मा ने मुसकराकर कहा, "तभी।" सिपाही कुछ समझा नहीं, अपने सूबेदार को ले आया। सूबेदार अकड़कर बोला, "न जाने कहाँ-

कहाँ से आ जाते हैं भिखमंगे? अरे इतनी सी बात नहीं समझते, राजा की सवारी आ रही है। फूटो यहाँ से! दिखना मत कहीं आसपास भी।''

महात्मा ने फिर पूछा, ''तुम कौन?'' सूबेदारी का परिचय पाकर फिर वही टिप्पणी की, ''तभी!'' जब महात्मा फिर ध्यानमग्न हो गए और राह से डिगे नहीं तो सेनापति आया। ठसन तो थी पर भाषा सज़्य थी, ''महात्माजी, हमारी विवशता को समझें, आप नहीं हटेंगे तो राजा की सवारी में विघ्न आएगा। कृपया राह दें।'' महात्मा ने फिर परिचय माँगा और परिचय पाने पर फिर वही, ''तभी!'' अब मंत्री की बारी थी, मंत्री ने प्रणाम कर बड़ी विनम्रता से राह छोड़ने की प्रार्थना की। राजा के गंतव्य का महज़्व भी बताया और राष्ट्रीय आवश्यकता की भी दुहाई दी। महात्मा ने मुसकराकर परिचय पूछा। पता चलने पर फिर, ''तभी!'' अब बात राजा तक पहुँची। महात्मा है कि हटता नहीं और केवल 'तभी' 'तभी' कहता है। राजा ने रथ से उतरकर साष्टांग दंडवत् किया और महात्मा से आशीर्वाद माँगा। कहा, ''मैं राह बदलकर चला जाऊँगा, पर जिस कार्य पर जा रहा हूँ उसकी सफलता का आशीष दें।''

महात्मा केवल मुसकराए और परिचय पूछा। राजा ने उज़र दिया, ''महाराज प्रजा का सेवक हूँ। धर्म के अनुसार राज्यपालन का दायित्व है।'' महात्मा मुसकराए और आशीर्वाद का हाथ उठाकर बोले, ''तभी!'' राजा मार्ग बदलकर आगे बढ़ा। रथ में साथ विराजमान राजा राजगुरु से बोला, ''इस 'तभी' का क्या रहस्य है?'' राजगुरु ने समझाया, ''अपने आप में तो 'तभी' कुछ नहीं कहता, पर उसके पूर्व के विधान के साथ जोड़कर देखें तो पता चलेगा। सिपाही हो 'तभी'। सूबेदार हो 'तभी'। सबके स्तर के अनुसार उनके व्यवहार पर यह टिप्पणी थी। राजन् महात्मा ने अपने 'तभी' से सदाचार पर भाष्य किया है। व्यक्ति का शील ही उसका वास्तविक परिचय है। यह शील उसके व्यवहार में झलकता

है। आप राजन् हैं, विनम्रता और सेवाभाव आपका शील है। 'तभी!' इसको उलटा देखने से भी बड़ी शिक्षा मिलती है। उद्दंड व्यवहार है तभी केवल सिपाही हो। ठसन है तभी सूबेदार हो। विनम्रता है पर पूर्ण अधिकार नहीं, तभी मंत्री हो।'' राजा मन-ही-मन गुनगुनाता रहा 'तभी'।

हमको भी अपने जीवन का 'तभी' समझना होगा। अपने व्यवहार का सदा अवलोकन करते रहना होगा। महात्मा जैसे स्पष्ट बोलनेवाले लोग तो मिलेंगे नहीं, पर मन-ही-मन सभी कहेंगे 'तभी'। और नियति तो कहेगी ही। हमारे शील से ही हमारे मार्ग प्रशस्त होंगे। हमारा आचरण ही हमारा परिचय है। शास्त्र कहते हैं, ''आचार प्रभवो धर्मः।'' आचरण से ही धर्म जीवित रहता है। अतः हमारे शील को बनानेवाले हमारे राष्ट्रीय जीवन-मूल्य हमारे व्यवहार में उतरेंगे, तभी धर्म जाग्रत् रहेगा।

हम इस सदाचार के कुछ सूत्रों की चर्चा ही कर सकते हैं। पूरी सूची बनाना न तो व्यावहारिक है और न ही आवश्यक। भारत में जनमा हर व्यक्ति सुशील होने का मर्म तो जानता ही है। प्रयत्न भी करता है। संगति और तथाकथित आधुनिकता के चक्कर में भूल गया होगा, तब भी कुछ संकेत मात्र संचित स्मृति को चलित कर शील को आचरण में लाने के लिए पर्याप्त होंगे। सदाचार मनसा, वाचा, कर्मणा होता है। अपने विचार, वचन और व्यवहार तीनों में जीवन-मूल्य परिलक्षित होने चाहिए।

केवल दिखावे का सदाचार (Manners & Etiquettes) अपेक्षित नहीं है। प्रशिक्षण से अपनाया बनावटी, दिखावे का व्यवहार तात्कालिक प्रभाव तो डाल सकता है, पर हृदय को जीतने की क्षमता तो अंतरमन से सुशील होने पर ही आएगी। मानव की एकात्मता का जीवन-मूल्य सदाचार में परिलक्षित होता है—बड़ों के सम्मान और आदर से, पशु-पक्षी, पेड़-पौधों के प्रति अनुकंपा से। जब हम उनमें भी अपने ही अंग

होने की आत्मीयता का अनुभव करते हैं तब सबके साथ उसी आत्मभाव से व्यवहार भी करते हैं। राह चलते, बस-रेल में कहीं भी दूसरों की सुविधा का ध्यान रखनेवाला व्यवहार हो जाता है। फूलों को अनावश्यक तोड़ना, सहज ही मसल देना, राह चलते आवारा कुत्ते या बकरी को पीड़ा पहुँचाना, ये सब स्वत: ही बंद हो जाता है। पौधे के पत्ते तोड़ने के लिए बढ़ा हाथ किसी के द्वारा अपने कान उमेठने की वेदना को याद कर स्वत: ही रुक जाते हैं। अति की भी अपेक्षा नहीं है कि आवारा कुत्ते को ही घर ले आए और माँ को नाराज कर दिया। माँ से भी तो आत्मीयता है न? उसके भाव को भी तो समझना है। फिर हमारे मन में उठी अनुकंपा का क्या करें? सभी शहरों में आवारा पशुओं की देखभाल के लिए शासकीय और स्वयंसेवी, दोनों प्रकार की व्यवस्था होती है। उसकी जानकारी प्राप्त करें और वहाँ तक सूचना पहुँचाएँ। पीछे पड़कर व्यवस्था होने तक अनुवर्तन करें। अब इतनी बात पर्याप्त है, बाकी जब अपने पाँव में ठोकर लगती है तो हम उपचार का मार्ग ढूँढ़ ही लेते हैं न? जब यही आत्मीयता का भाव होगा तो उसे व्यवहार में उतारने के नव-नवीन रास्ते स्वत: सजगता से खोज लेंगे।

आधुनिक जीवन में पर्यावरण से लेकर मनुष्यमात्र को जो सर्वाधिक हानि हो रही है, वह ऊर्जा एवं अन्य संसाधनों के व्यर्थ जाया करने से हो रही है। हमारी पूरी जीवनशैली ही बिजली पर निर्भर हो गई है। अब हम इस जीवनचर्या को वापस पूर्णत: प्राकृतिक मार्ग पर तो नहीं लौटा सकते। किंतु अस्तित्व की एकात्मता के जीवन-मूल्य को सदाचार में उतारते हुए इतना तो कर ही सकते हैं कि ऊर्जा की बचत के लिए हर संभव उपाय करें। छोटी-छोटी आदतों से यह संभव है, जैसे कमरा छोड़ते समय लाइट, पंखा बंद करना, किफायत से पानी का उपयोग करना आदि।

त्याग का जीवन-मूल्य तो पग-पग पर प्रकट होता है। हमने देखा था कि त्याग का कर्मरूप सेवा है। सेवा स्वत:स्फूर्त होनी चाहिए। शील प्रगट होता है पहल में। सामने कार्य देखकर स्वत: ही, बिना किसी के कहे, फुरती से हम उठ पड़े। आज्ञापालन तो करना ही चाहिए, किंतु घर आए अतिथि को पानी पिलाने के लिए हर बार माँ या पिताजी को आज्ञा देनी पड़े तो समझना होगा कि कुछ गड़बड़ है। ये तो सेवा के छोटे-छोटे अवसर हैं, इन्हें तो उत्साहपूर्वक हथियाना चाहिए। इससे पहले कि अपने भाई या बहन में से कोई और काम करें, हमें कर लेना चाहिए। सच्चा सेवक तो वही होता है जो दरी बिछाने और उठाने में सहज स्फूर्त उत्साही हो। सेवा में सबसे आगे रहना तो ठीक है, पर सुशील व्यक्ति सुविधा में ऐसी प्रतिस्पर्धा नहीं करता। वहाँ तो उसका मंत्र होता 'मैं नहीं तू ही।' विद्यालय में एक साथ अवकाश होने पर पानी पीने के लिए भीड़ लगती है। बस में से उतरते समय पता है सब उतरेंगे, फिर भी धक्का देते हैं। सदाचारी छात्र तो पहले दूसरे को अवसर देंगे। स्वत: अनुशासन आ जाएगा। सेवा करने में पहले मैं और सुविधा प्राप्ति में पहले आप। सदाचार के इस सुंदर मंत्र को हमें सदैव स्मरण रखना चाहिए।

सुशीलं जगद् येन नम्रं भवेत्!

भागवत महापुराण के दशम स्कंध में एक कथा आती है पौंड्रक वासुदेव की। ये कुराह प्रदेश के राजा हैं। जरासंध के साथ हैं और इस कारण भगवान् कृष्ण से मत्सर करते हैं। ये अपने आप को कृष्ण से श्रेष्ठ बताने के लिए कृष्ण के समान ही वेशभूषा धारण करने लगते हैं। वैसे ही पीतांबर, मोर मुकुट, सारंग धनुष, नकली कौस्तुभ मणि, छाती पर श्रीवत्स का चिह्न भी सबकुछ कृष्ण के ही समान। यहाँ तक कि एक

नकली सुदर्शन चक्र भी बना लिया और उसे भी धारण करने लगे। हर बात पर कृष्ण का अपमान भी करते हैं और कहते हैं, ''मैं ही साक्षात् वासुदेव हूँ। ये नंद का लला तो ढोंगी है।'' भगवान् कृष्ण इस नौटंकी को महत्त्व नहीं देते और जब भी यह विषय उनके सामने आता तो महत्त्वहीन कहकर टाल देते। एक बार अपने स्वयं के प्रलाप से ही भ्रमित पौंड्रक वास्तव में स्वयं को कृष्ण से अधिक शक्तिशाली मान बैठते हैं। कृष्ण को युद्धभूमि में ललकारते हैं। पौंड्रक की अपनी दो अक्षौहिणी सेना और साथ काशी नरेश की तीन अक्षौहिणी सेना। फिर भी युद्ध तो कितना चलना था? नकली सुदर्शन से सज्ज नकली वासुदेव को साक्षात् भगवान् से वीरगति प्राप्त होती है। कृष्ण भगवान् उसे अपने नकली पाखंड से सदा के लिए मुक्त कर देते हैं। साथ में काशी नरेश को भी मुक्ति मिलती है। पौंड्रक वासुदेव ने भगवान् की नकल की तो कम-से-कम मृत्यु तो भगवान् के हाथों मिली। आज हमारे युवा अपनी वेशभूषा और केशभूषा में न जाने किस-किस की नकल कर रहे हैं? इनका और इनके साथियों का क्या होगा, भगवान् ही जाने। पंचतंत्र की कथा में नील के पानी में गिर कर रँगे सियार की भाँति अपने बालों को रँगाकर न जाने किसे प्रभावित करना चाह रहे हैं? बारिश के पानी में रंग धुल जाने के बाद जो दुर्गति सियार की हुई, वही स्थिति जीवन-संग्राम में उतरने के बाद इन नकली युवाओं की हो रही है।

वास्तविक सौंदर्यबोध को समझकर अपने आपको आकर्षक बनाया जा सकता है। सही तरीके से सुदर्शन होना भी सदाचार का अंग है। सौंदर्यबोध का जीवन-मूल्य जब आचरण में आता है तब हर काम में सुव्यवस्था आ जाती है। अपने कपड़े अपने मन की स्थिति प्रकट करते हैं। केवल नकल और प्रचलित शोभाचार (Fashion) के नाम पर ऊटपटाँग वेशभूषा धारण कर लेना आकर्षक भले ही लगता हो, पर

दूरगामी प्रभाव तो सादे किंतु साफ-सुथरे, सुव्यवस्थित परिधान से ही होता है। अपना परिधान अपने भाव का परिचायक होना अपेक्षित है, परिवार की आर्थिक स्थिति का नहीं।

परिधान

दूसरे के प्रति भी बाहरी बातों के कारण उपेक्षा, परिहास या व्यंग्य का आचरण नहीं हो। हम स्वयं बात को समझ गए हैं। अत: शोभाचार के चक्कर में नहीं फँसेंगे पर कोई दूसरा कर रहा है तो उस पर हँसेंगे भी नहीं। कपड़े शरीर के अंगों को ढककर उनकी रक्षा के लिए होते हैं, उन्हें उघाड़ने के लिए नहीं, यह याद रखना आवश्यक है। हमारे कपड़ों में हमारी परंपरा भी झलकती है। भारत में तो इसमें भी वैज्ञानिकता को सहजता से अपनाया गया है। हमारे यहाँ स्थान एवं ऋतु के अनुसार वेशभूषा का उपयोग होता है। कश्मीर से लेकर कन्याकुमारी तक सारी विविधता के मध्य भी हम पाएँगे कि बालिकाओं के परिधान सदैव कमर के नीचे ढीले और फैले हुए होते हैं। इसके पीछे वैज्ञानिक तथ्य है। बाल्यावस्था और किशोरावस्था में शरीर का विकास होता है। ऐसे में कसे (Tight) वस्त्रों से मांसपेशियों की ताकत नहीं बन पाती। ये भाई-बहनों दोनों के लिए सत्य है। बहनों को मातृत्व के लिए तत्पर होना है, इसलिए जंघाओं को विकास का पूर्ण अवसर भारतीय पारंपरिक परिधान देते हैं। ब्रह्मचर्य की रक्षा के लिए भाइयों को लँगोट कसना चाहिए, किंतु हमारी परंपरा में उनके भी बाकी वस्त्र शरीर से कसकर सटे नहीं होते। शरीर के रक्ताभिसरण, पेशियों के विकास एवं वायु के समुचित संचरण को ध्यान में रखकर विकसित ये परिधान रंग और आकार (Design) की सुंदरता के साथ ही शील के भी परिचायक हैं। आनंद का विषय है कि धीरे-धीरे ये प्रचलित शोभाचार के भी अंग बन रहे हैं।

केवल परिधान की ही बात नहीं है, सौंदर्यबोध के अंतर्गत हमारे हाव-भाव, उठना, बैठना सब आता है। इन सब में ही शील झलकना चाहिए। दूसरे के साथ व्यवहार में, बोलने, देखने में भी शरीर का महज़्व न्यून हो, उसके पूर्ण व्यक्तित्व को हम संबोधित करें। जहाँ तक संभव हो, चिकित्सक और दरजी को छोड़ किसी और के साथ शरीर हमारी चर्चा का विषय ही न बने। एक प्रोफेसर की कक्षा में छात्र ने उनकी तारीफ करने के लिए कहा कि आपकी टी-शर्ट बड़ी सुंदर है। प्राध्यापक ने छात्र को यह कहकर कक्षा से बाहर किया कि मेरे पढ़ाने में कोई कमी है, जो तुज़्हारा ध्यान मेरे कपड़ों की ओर गया। आजकल एक-दूसरे को परिधान के लिए बधाई (Compliments) देने का रिवाज है। पर वास्तविकता में सुशील व्यक्ति को यह शोभा नहीं देता। न तो ऐसी क्षुद्र बातों पर किसी को बधाई देनी चाहिए, न ही बधाई को स्वीकार करना चाहिए। परस्पर सद्‌गुणों का सत्कार कर बधाई देना ही अपना अज़्यास बन जाए। इससे ठोस बातों पर आधारित होने के कारण संबंधों में भी प्रगाढ़ता आ जाएगी।

संबंधों का सज़्मान

संबंध हमें शक्ति और सज़्व प्रदान करते हैं, अत: सदाचार में संबंधों का सज़्मान सबसे अग्रणी है। माता-पिता और गुरु हमारे सर्वस्व के निर्माता होने के कारण हमारे स्वामी हैं। अत: इस संबंध का सज़्मान तो चरणस्पर्श के द्वारा ही हो सकता है। प्रांत विशेष में परंपरा की भिन्नता के अनुसार इसका परिपालन अवश्य किया जाना चाहिए। उज़्री भारत के कुछ प्रांतों में परंपरा है कि कन्या को देवी का रूप मानते हैं और उसका पूजन करते हैं। अत: अविवाहित पुत्री अपने पिता के चरण नहीं छूती, उलटे पिता ही उसका आशीर्वाद लेता है। इस परंपरा के पीछे के

दिव्य तत्त्व का आचरण तो सबको ही करना चाहिए। छोटी-से-छोटी बालिका में भी माँ की, देवी की शक्ति का दर्शन करना चाहिए। दक्षिण भारत में बालिका को भी अंबा, अम्मा ही कहते हैं। संबंधों की सफलता विस्तार में है। अजनबी से भी संबंध बनाने की क्षमता प्रत्येक शीलवान व्यक्ति में होती है। उसके लिए सब केवल 'अंकल' 'आंटी' नहीं हैं। कोई मामा है, कोई मौसी है, दीदी है, भैया है, ताऊ है। आयु, परिचय और व्यवहार के अनुसार संबंध प्रस्थापित कर निभाना भी सदाचार का अंग है।

विविधता का सम्मान

हमारी संस्कृति है। अत: हम सबके मतों का आदर करते हैं। शास्त्रार्थ होगा, चर्चा भी होगी, एक-दूसरे के मतों के खंडन-मंडन से वाद-विवाद भी होगा। पर सब विनम्रता से। एक नियम सर्वोपरि होगा 'मत भिन्नता हो सकती है, इस बात पर हमारा मतैक्य है।' (We agree to disagree) तर्क तो करना ही चाहिए, उससे मतों में स्पष्टता आती है। किंतु संवाद होना चाहिए, विवाद भी विनम्रता से हो तो चलेगा, पर वितंडा कभी नहीं होगा। विनम्रता कायरता या कमजोरी की निशानी नहीं है। विनम्रता तो धैर्य, शक्ति और साहस की अभिव्यक्ति होती है। जिसकी बात में दम होता है और अपने सत्य पर आत्मविश्वास होता है, उसे आवाज नहीं बढ़ानी पड़ती। चिल्लाते या तो असत्य भाषण करनेवाले या आत्मबलहीन व्यक्ति या फिर कपटी धुरंधर। अपने वचन में तथ्यों की कमी को वे आवाज की मात्रा से पूरा करना चाहते हैं।

भारत में हम मानते हैं कि एक ही सत्य को समझने, कहने और प्रकट करने के भिन्न-भिन्न मार्ग हो सकते हैं। अत: हम सभी मार्गों का सम्मान करेंगे। किंतु इसका अर्थ यह भी नहीं कि हम सबके आगे झुकेंगे

और मुँह देखी शालीनता के लिए असत्य या आसुरी तत्त्वों का साथ देंगे। जो मत यह कहे कि मेरी ही बात सत्य है, बाकी सब झूठ अर्थात् जो विविधता को नकारे, ऐसी नाकारा भेदबुद्धि विचारधारा का विरोध हम निर्भयता से करेंगे। अन्याय, अत्याचार और भ्रष्ट व्यवहार को सहन करना भी अपराध में सहभागिता है। अत: सुशील व्यक्ति निडरता से ऐसे आचरण के विरोध में खड़ा हो जाता है। सहज ही अपने नित्य व्यवहार में यह निर्भयता झलकनी चाहिए। विनम्रता के साथ ही दृढ़ता भी हमारे चाल-ढाल, अंग-काठी (Posture) और संवाद में स्पष्टता से प्रकट होनी चाहिए। खड़े हो, बैठे हो या चल रहे हो तो गरदन और मेरुदंड सीधा हो, सीना आगे और मस्तक ऊँचा हो। जब बोलें तो स्पष्ट बिना झिझक और उचित गति से। अधिक जल्दी से बोलना भ्रम और न्यूनगंड (Inferiority Complex) का लक्षण है। बोलने में स्पष्टता हो और जितने लोगों तक बात पहुँचानी है, उसके अनुसार स्वर (pitch) एवं आवाज (volume) हो। अभ्यास से शब्दों का चयन भी सही होने लगता है और फिर अनावश्यक स्पष्टीकरण या क्षमायाचना की आवश्यकता नहीं पड़ती। मृदु, मधुर व दृढ़ वाणी विचारों, भावों का ही नहीं, पूरे व्यक्तित्व का ही संप्रेषण करती है और फिर केवल पाँच शब्दों में सारे श्रोता अभिभूत हो जाते हैं। करतल ध्वनि ही नहीं, पूर्ण आत्मीयता से सम्मान करने लगते हैं। केवल ढाई मिनट के वक्तव्य में शील की प्रतिमूर्ति, योद्धा हिंदू संन्यासी विश्वविजय कर लेता है। उसी वीर विवेकानंद से आओ हम प्रार्थना करें—

‘जगत् हो विनम्र ऐसा शील हमको दें!’

□

6

आदर्श दिनचर्या—समय नियोजन

सुनियोजित समय : सफलता की गारंटी

मराठी के अत्यंत प्रसिद्ध हास्य-व्यंग्य लेखक थे—पु.ल. देशपांडे। महाराष्ट्र की तीन पीढ़ियाँ उनको पढ़ते, सुनते अपने साहित्य प्रेम को विकसित करती रही हैं।

हाँ, वे अपने व्यंग्यों के सर्वोत्तम वाचक थे। सुनकर ही कई बार व्यंग्य अधिक स्पष्ट हो पाता था। उन्हें पद्मश्री, ज्ञानपीठ जैसे अनेक पुरस्कार प्राप्त हुए थे। ऐसे ही किसी पुरस्कार के बाद एक युवा पत्रकार उनका साक्षात्कार लेने गया। ऐसे महान् लेखक के व्यक्तित्व से अभिभूत होकर शायद उनकी पुस्तकों पर तैयार किए अपने प्रश्न भूल गया और पूछ बैठा, "आपकी दिनचर्या कैसी होती है?" पु.ल. ने अपने अंदाज में उत्तर दिया, "सुबह आराम से उठता हूँ। चाय पीकर टहलने चला जाता हूँ। कभी पर्वती की पहाड़ी तो कभी पेशवा पार्क। अब वहीं अपनी मंडली जमती है। 11 तो बज ही जाते हैं। घर आकर स्नान, भोजन आदि करके आराम करता हूँ। फिर दोपहर में उठने के बाद कुछ चाय-वाय करके फिर टहलने निकल जाता हूँ। पास की चौपाल पर ताश की

मंडली जमा लेते हैं। बातचीत में 9 कैसे बज जाते हैं, पता ही नहीं चलता। घर लौटकर थोड़ा दूरदर्शन और भोजन करने तक सोने का समय हो ही जाता है। दिन आराम से कट जाता है।'' पु.ल. ने अपनी बात पूरी की तो पत्रकार ने आश्चर्य से पूछा, ''फिर आप लेखन का कार्य कब करते हैं?'' सहज हास्य के जनक पु.ल. देशपांडेजी ने अपनी ही शैली में उज़र दिया, ''वो तो अगले दिन करता हूँ।''

बात समझ में भी थोड़ी देर में आती है और फिर रुक-रुककर याद आती रहती है और हँसी भी आती ही रहती है। पर अच्छे व्यंग्यकार हँसी-हँसी में बहुत बड़ा संदेश भी दे जाते हैं। हमारी दिनचर्या में सबसे महज़्वपूर्ण चीजों के लिए हम समय निकाल पाते हैं? या ऐसे ही दिनभर व्यस्त रहते हैं? हम सभी लोग आजकल इतने व्यस्त होते हैं कि किसी भी काम के लिए समय निकालना बड़ा ही कठिन हो जाता है। पर यदि ध्यानपूर्वक अपने समय का आकलन करेंगे तो पाएँगे कि हम व्यस्त कम और अस्त-व्यस्त ज्यादा हैं। इस कारण अनिवार्य बातें तो हो जाती हैं, पर आवश्यक और महज़्वपूर्ण रह जाती हैं।

एक छोटा सा प्रयोग करने से हमें पता चल जाएगा कि हम कितना समय व्यर्थ गँवाते हैं। केवल 7 दिन के लिए पूरे दिन को 1-1 घंटे के अंतराल में अंकित करना है। अर्थात् एक कॉपी में सुबह उठने के समय से 1-1 घंटे के खाने बना लें। जैसे यदि 6 बजे उठते हैं तो पहला खाना होगा 6 से 7 नीचे अगली पंक्ति में दूसरा 7 से 8 ऐसे एक के नीचे एक सोने तक का पूरा खाका (Chart) बना लें। अब इसके आगे एक शज़्द में लिखे कि क्या-क्या किया? दिन में कुछ-कुछ समय बाद लिखते रहें, नहीं तो शाम को इकट्ठा भरते समय पूरा याद ही नहीं आएगा। अपने स्वयं के जानने के लिए करना है, किसी को बताने के लिए नहीं। अत: ईमानदारी से लिखेंगे कि क्या-क्या किया। रात को सोने से पूर्व इसका संकलन कर लें। 3-4 मदों में हिसाब लगा सकते हैं। विद्यार्थी हैं तो पढ़ाई,

व्यवसायी हैं तो अपना व्यवसाय का काम कितने घंटे किया? अब नौकरी करने वाले दिन भर कार्यस्थल पर होते तो हैं पर काम क्या पूरे आठ घंटे का ही होता है? जब घंटे के अनुसार घटिका-विश्लेषण (Hour-analysis) करेंगे तो पाएँगे कि कार्यालयीन समय में भी हम कुछ रचनात्मक करने के लिए पर्याप्त समय निकाल सकते हैं। खैर, तो एक मद हुआ अपना मुज़्य कार्य। दूसरा मद है व्यक्तिगत चर्या का समय। इसमें खाना, नहाना, कपड़े धोना, विश्राम आदि समय आएगा। अर्थात् अपने शरीर-धर्म के लिए किया गया कर्म। इसी में चार्ट के बाहर का अर्थात् सोने से लेकर उठने तक का समय भी जोड़ा जाएगा। तीसरा मद है अन्य उत्पादक कार्य। इसमें यदि कोई समाज, परिवार के लिए काम किया हो या अपनी अभिरुचि के लिए कोई कलोपासना आदि ये सब आएँगे। माँ के काम के लिए बाजार गए तो वह भी इसमें आएगा। अब इन तीनों मदों में लगाए समय को जोड़कर 24 में से घटा दें तो जो बचेगा वो चौथा मद है—व्यर्थ गँवाया समय। जब आप इस गणित को करेंगे, तो आपको आश्चर्य होगा कि व्यर्थ जाने वाला समय कितना अधिक होता है। 7 दिन यदि यह प्रयोग कर लें तो फिर जीवन में कभी नहीं कहेंगे कि समय ही नहीं है। जो अपने जीवन के प्रति अधिक गंभीर हैं, इसे आगे भी नियमित जारी रख सकते हैं। 1 घंटे के स्थान पर आधे घंटे का विश्लेषण और अधिक सटीक होगा।

इसी का आनुपातिक विश्लेषण करेंगे तो और गंभीर तथ्य सामने आएँगे। हमारे उत्पादक समय का अर्थात् पहले और तीसरे मद के जोड़ का अनुपात शरीर संधारण (Maintenance) के कार्य और व्यर्थ समय अर्थात् दूसरे और चौथे मद के जोड़ के साथ करेंगे तो पाएँगे कि उत्पादक समय तो एक तिहाई से भी कम है। अर्थात् दो-तिहाई जीवन तो बिना किसी लक्ष्यप्रेरित कार्य के ही गँवा दिया। इसका सीधा अर्थ हुआ कि हम यदि 18 साल के हैं तो उसमें से 12 साल से अधिक तो ऐसे ही

निरर्थक चले गए। वास्तव में समय ही तो जीवन है। विवेकानंद केंद्र के संस्थापक माननीय एकनाथ रानडे कहा करते थे, "समय और ऊर्जा का संयोजन जीवन है। हम अपनी ऊर्जा को नियत समय के अंदर कितना अधिक उत्पादक बना सकते हैं, लक्ष्य केंद्रित कर सकते हैं, वही हमारे जीवन की सफलता है।" इसीलिए वे केंद्र के पूर्णकालीन जीवनव्रती कार्यकर्ताओं के प्रशिक्षण में बताते थे कि जब हमने अपना जीवन व्रत के लिए समर्पित किया है तो हमने 24 घंटे भारत माँ के लिए दे दिए। अब इसमें से जो भी हम स्वयं के संधारण में लगाते हैं, वह कम-से-कम होना चाहिए। स्नान का समय कितना कम हो सकता है? कपड़े कैसे कम-से-कम समय में धो सकते हैं? किसी से मिलने गए हैं, प्रतीक्षा करनी पड़ रही है, कैसे समय का सदुपयोग करेंगे? ये बातें केवल कार्यकर्ता के लिए ही नहीं हैं। प्रत्येक वह व्यक्ति, जो अपने जीवन में कुछ लक्ष्य लेकर चल रहा है, जीवन को गढ़ रहा है, वह साधक है। उस प्रत्येक साधक के लिए समय का पूर्ण सदुपयोग अनिवार्य है। कोई अधिक या कम कैसे व्यस्त हो सकता है? सबके पास एक दिन में कार्य करने के 24 घंटे ही तो हैं। उससे ज्यादा तो नहीं न काम कर सकते? और कुछ नहीं भी करेंगे, तब भी जब दिन बीतेगा तो 24 घंटे ही बीतेंगे। अर्थात् हमारे पास केवल यह स्वतंत्रता है कि इन 24 घंटों का हम उपयोग कैसे करते हैं। सारा वरीयता तय करने का खेल है। हम यदि अपनी वरीयता तय नहीं करेंगे तो कार्य स्वयं अपनी वरीयता तय कर लेंगे। महज़्वपूर्ण (Important) कार्यों पर ध्यान नहीं देते, उन्हें टालते रहते हैं तो फिर वे अनिवार्य (urgent) हो जाते हैं। फिर हम अर्जेंट के चक्कर में इंपोर्टेंट को टालते जाते हैं। अत: यह कार्य वरीयता का निर्धारण लक्ष्य-सिद्धि का सबसे महज़्वपूर्ण घटक है।

एक और विश्लेषण विधि (VED Analysis) में कार्य के विभिन्न हिस्सों को आपात्, अनिवार्य और वांछनीय के रूप में वर्गीकृत किया

जाता है। आपात् (Vital) अर्थात् जिसके बिना जीवन ही संभव नहीं। यदि मृत्यु ही आ गई तो कार्य कैसे करेंगे? अत: स्वयं के, साथियों के और कार्य के जीवित बचे रहने को प्रथम प्राथमिकता देनी होगी। हमारे शास्त्रों में इसे आपात् धर्म कहा गया है। अनिवार्य (Essential) का क्रम दूसरा आता है। यह कार्य की सफलता के लिए अनिवार्य हिस्से हैं। इनका भी अपना महत्त्व है। आपात् स्थिति के न होने पर इन्हीं की वरीयता होगी। इसे हम विशेष धर्म कह सकते हैं। इनके अलावा अनेक ऐसे कार्य होते हैं, जो करने अपेक्षित होते हैं, वांछनीय (Desirable) होते हैं। पहले दो की सुनिश्चितता होने के बाद जो समय बचेगा, उसमें इन्हें किया जाएगा। यह सामान्य धर्म है।

समय की कमी अथवा परिस्थिति की विपरीतता में सबसे पहले वांछनीय कार्यों से समझौता होगा। फिर भी संभावना नहीं बने तो अनिवार्य को भी टाला जा सकता है, पर जो आपात् है, उसके लिए तो अड़ना ही पड़ेगा न।

यदि वरीयता ठीक से निर्धारित की जाए तो हम पाएँगे कि हमारे पास सब कामों के लिए समय होता है। ऐसी सुनियोजित चर्या से लक्ष्य की प्राप्ति भी सुनिश्चित होती है। जीवन के दो अंग हैं—समय और ऊर्जा। समय के सुनियोजन से जीवन में सफलता की गारंटी (Guarantee) है यह हमने देखा। पर हमारा प्राणविज्ञान बताता है कि समय और प्राण ऊर्जा का भी संबंध है। उस पर आधारित वैज्ञानिक दिनचर्या के विषय में जानना आवश्यक है।

निशिचरहीन करेंगे धरती

जब हनुमानजी लंका में पहुँचे तो आश्चर्यचकित हो गए। वैसे तो उस स्वर्णमयी असुर नगरी की अनेक बातों से वे अचंभित थे। किंतु दो बातों ने उन्हें पूर्ण भ्रमित ही कर दिया। अपसंस्कृति के ये दो लक्षण थे—

एक तो वेशभूषा अथवा केशभूषा, दोनों में से किसी से भी नर और नारी में भेद कर पाना संभव नहीं था। जिसे नारी समझ संकोच किया वह तो पुरुष निकला। हाँ, चेहरा दाढ़ी-मूँछ विहीन चिकना और वेष भी पता नहीं किस लिंग का था। जिसे पुरुष समझ उससे राह जाननी चाही वही महिला निकली, पर सुकोमल, सलज्ज नहीं! पुरुषों से भी अधिक हिंसक, संघर्ष पर उतारू।

दूसरा भ्रम समय को लेकर हुआ। लंका में रात तो होती ही नहीं थी। सूर्य के अस्त होने के बाद भी प्रकाश की व्यवस्था तो थी, ही साथ ही नगर के हर मार्ग पर राक्षस-राक्षसियों की प्रचंड भीड़ भी थी। सब आहार-विहार में मग्न थे। किसी भी प्रकार प्रहर का कोई भान संभव नहीं था। इसीलिए असुरों को निशाचर भी कहा जाता है। दिन में आराम और रात में भोग करने लिए विचरण करना ये असुर सज़्यता के लक्षण हैं।

आज भौतिकवादी युग में हनुमानजी किसी भी बड़े शहर में आएँगे तो उन्हें सुंदरकांड का लंकाराज अवश्य याद आ जाएगा। विकास का यह जो आसुरी मार्ग हमने अपनाया है, वह हमें वैज्ञानिक दिनक्रम से दूर करता जा रहा है।

निशाचर होना क्यों आसुरी माना गया? इस प्रश्न के उज़र के लिए हमें सूर्य के प्राणविज्ञान को समझना होगा। प्राण की शक्ति से ही सारा विश्व ब्रह्मांड व्याप्त है और चल भी रहा है। पृथ्वी पर प्राण का मूल स्रोत सूर्य है। हम जो भोजन करते हैं, उससे हमें ऊर्जा प्राप्त होती है। यह प्राण की ऊर्जा है।

भोजन में ऊर्जा कहाँ से आती है? हमारे भोजन में सारे अन्न पदार्थ वनस्पति से प्राप्त होते हैं। वनस्पति प्रकाश संश्लेषण (Photosynthesis) की प्रक्रिया के द्वारा सूर्य की ऊर्जा को अन्न में परिवर्तित करती है। हम भोजन के बाद इसी ऊर्जा को मंथर प्रज्वलन (Slow Combustion) के द्वारा पुनः प्राप्त करते हैं। अन्नरस रक्त में मिलता है। श्वसन में प्राप्त

प्राणवायु रक्त के संपर्क में आने पर इस ऊर्जा को प्राप्त करती हैं। इस प्रकार हमें जो भी ऊर्जा मिलती है, वह सूर्य से ही मिलती है। केवल शाकाहारी लोगों को ही नहीं, मांसाहारियों को भी। क्योंकि अधिकतर मांसाहारी उन्हीं प्राणियों का मांस खाते हैं जो शाकाहारी होते हैं। तो वे भी अप्रत्यक्ष रूप से वनस्पति को ही खाते हैं न! किंतु शाकाहारियों को प्रत्यक्ष ऊर्जा मिलने के कारण अधिक ताजा और सात्त्विक प्राण प्राप्त होते हैं तथा मांसाहारियों के भोजन से प्राप्त प्राण उस जानवर के भाव व भय से भावित होने के कारण राजसिक अथवा तामसिक होते हैं। पर एक बात तो निश्चित है कि हम सब सूर्य से प्राप्त प्राणों से ही बने हैं। हम भी सूर्य ही हैं। इसी कारण सूर्य की गति का हमारे जीवन पर प्रभाव होता है।

सूर्य के उगने से लेकर अस्त तक के दिनक्रम से विश्व में प्रवाहित होनेवाले प्राणों में प्रभाव पड़ता है। इसके अनुरूप कार्य करने से अधिक ऊर्जा मिलने के कारण कार्य करने में सहजता होती है। इसलिए इस विज्ञान को समझना हमारी दिनचर्या के निर्धारण में अत्यंत सहायक होगा।

प्राण के प्रवाह के दो मुज़्य भाग हैं। जब सूर्य उपस्थित हो, अर्थात् सूर्य के उगने से 2 घंटे पहले से लेकर सूर्यास्त के 2 घंटे बाद तक का समय। इस समय प्रवाहित ऊर्जा को प्राण कहते हैं। यह सकारात्मक होने के कारण सभी प्रकार की गतिविधियों के लिए उचित है। इसके जो भाग हैं, उसे हम बाद में देखेंगे। दूसरा कालखंड सूर्य की प्रत्यक्ष अनुपस्थिति का, अर्थात् इस समय सूर्य पृथ्वी के दूसरे हिस्से के सज़्मुख है। ऐसे समय प्राण का प्रवाह विपरीत दिशा और गति का हो जाता है। इसे उपनिषदों में रई कहा गया है। यह अति तामसिक होता है। जैसे आधुनिक भौतिक विज्ञान में द्रव्य के विपरीत वि-द्रव्य (Antimatter) की संकल्पना है, यह ऐसा ही कुछ समझा जा सकता है। प्राण व रई के विपरीत प्रभाव को हम भी सहजता से अनुभव कर सकते हैं। जानकार मार्गदर्शकों के साथ कुछ व्यावहारिक प्राणायाम सीखने से ही हम इस भेद को समझने

की संवेदनशीलता प्राप्त कर सकते हैं।

रई के प्रभाव का समय सूर्यास्त के दो घंटे बाद से प्रारंभ हो जाता है तथा जैसे-जैसे रात्रि के प्रहर चढ़ते जाते हैं, वह अधिक तामसिक होता जाता है। तो क्या फिर यह नकारात्मक है और जीवन के प्रतिदिन 8-9 घंटे किसी कार्य के लिए सहायक न होने के कारण व्यर्थ गँवा दिए जाएँ। नहीं, इस काल में किया विश्राम सर्वाधिक प्रभावी होता है। सूर्योदय के 2-3 घंटे पूर्व से गति व दिशा फिर परिवर्तित हो जाती है, ऐसे समय विश्राम कर भी लें तो अधिक आराम नहीं मिलेगा। अत: रात्रि 10-10:30 बजे से लेकर प्रात: 4 बजे तक का समय सोने के लिए सर्वोज़म है। इस समय सोने से पूर्ण आराम प्राप्त हो सकता है। 4 बजे से प्राणकाल प्रारंभ हो गया, अत: गतिविधि प्रारंभ कर सकते हैं। सायं 6 से 7 बजे के मध्य सूर्यास्त होता है तो 8 या 8:30 तक रई काल प्रारंभ हो जाता है। यह प्रारंभिक समय स्वाध्याय, जप-ध्यान अथवा दिनभर के कार्यों के चिंतन में सर्वाधिक उपयोगी होता है।

प्राणकाल के उपयोग के लिए हम तीन वर्गों में अपनी गतिविधियों को बाँट सकते हैं। शारीरिक कार्य व बौद्धिक, भावनात्मक अथवा सृजनात्मक कार्य, ये दो मुज़्य भाग हुए और तीसरा है—आहार। यह इसलिए महज़्वपूर्ण है, क्योंकि इससे प्राण प्राप्त होते हैं। पहले हम कालखंडों को देखते हैं—दिन में दो संधिकाल होते हैं—प्रात: संधि अर्थात् सूर्य के उगने से पूर्व सूर्य के प्रकाश का समय और सायं संधि अर्थात् सूर्यास्त के बाद प्रकाश के बचे रहने का समय। ये दोनों ही संधिकाल अत्यंत महज़्वपूर्ण हैं। इस समय प्राण का प्रवाह अत्युच्च स्तर पर होता है, अत: जो भी कार्य हम इस समय करते हैं, वह कई गुना अधिक प्रभाव देता है। इसी कारण हमें बचपन से इस समय आलस करने या सोने से मना किया गया है। क्योंकि इस समय में तामसिकता को धारण करेंगे अर्थात् आलस करेंगे तो वह कई गुना अधिक परिणाम देगी

और हमारा पूरा व्यक्तित्व ही आलसी हो जाएगा। यह संध्या समय हमारे दिन का सर्वाधिक उत्पादक समय है, अतः इस समय सबसे महज़्वपूर्ण कार्य करना चाहिए। विद्यार्थी पढ़ाई कर सकते हैं। कलासाधक अपना अज़्यास और आध्यात्मिक साधक जप, ध्यान आदि। प्रातः सूर्योदय के तुरंत बाद तथा सायं सूर्यास्त के समय से लेकर बाद के आधे घंटे का समय शारीरिक व्यायाम के लिए सर्वोज़म होता है। इस समय बाहरी गतिविधि टहलना, दौड़ लगाना, व्यायाम, मैदानी खेल, यह सब किया जाना चाहिए।

दिन में सूर्य के ठीक आकाश के मध्य में ऊपर स्थित होने का समय मध्याह्न संधि कहलाता है। यह समय भी बौद्धिक कार्य के लिए उपयोगी है। ऐसे इसके ठीक 12 घंटे बाद मध्यरात्रि की संधि होती है। कुछ तंत्र साधनाओं में इनका भी महज़्व है। पर हमारे लिए यह केवल दीपावली और महाशिवरात्रि के अवसर पर ही पूजा के लिए ध्यान रखने योग्य है। प्राणविज्ञान के अनुसार भरपेट भोजन दो समय ही करना चाहिए। प्रातः 9 से 10 के मध्य और सायं सूर्यास्त से पूर्व। पर आधुनिक जीवनशैली में यदि इसका पूर्ण पालन संभव न भी हो तब भी मध्याह्न संधि को तो टालना ही चाहिए। वैसे ही रात्रि भोज भी रई के आगमन से जितना जल्दी अर्थात् सूर्यास्त से 2-3 घंटे के भीतर करें उतना अच्छा है।

इन सब बातों को ध्यान में रखकर यदि हम अपने कार्य के अनुसार अपनी दिनचर्या को सुव्यवस्थित कर लें। जहाँ तक संभव हो, सोने और खाने का समय निर्धारित रखें। प्रतिदिन कुछ-न-कुछ शारीरिक गतिविधि अवश्य करें। तब इस सामान्य अनुशासन से हमारी कार्यक्षमता में कई गुना वृद्धि होगी, साथ ही हमारे अंदर असुर संस्कार, विचार और आचार नहीं आएँगे तथा हम अपने तई (आचरण आदि से) धरती को निशिचरहीन कर ही देंगे।

□

7

ऊर्जा प्रबंधन अर्थात् ब्रह्मचर्य

ऐसी लागी लगन…

संध्या का समय था। सूर्यास्त के बाद धीरे-धीरे अंधकार छाने लगा था। वाचस्पति मिश्र अपनी अध्ययनिका में ग्रंथ रचना में मग्न थे। इनका नाम मिथिला के संस्कृत ग्रंथकारों में बड़ा ही ख्यात नाम है। व्याकरण, स्मृति, वेदांत अनेक विषयों पर उन्होंने ग्रंथ रचना की है। गुरु की आज्ञा से ब्रह्मसूत्र के शांकरभाष्य पर इस ग्रंथ के लेखन में वे लगे हैं। उनकी कई दशकों की साधना का परिणाम है यह। यह उनका सबसे प्रसिद्ध ग्रंथ बनेगा, ऐसा उनका विश्वास है।

न जाने कितने वर्षों से वे इसकी रचना में ही लगे हुए हैं। अब तो उपसंहार का प्रकरण भी समाप्ति पर है। आज ग्रंथ पूरा हो ही जाएगा। इतने में हवा का जरा सा झोंका आया और मेज पर रखा दीपक बुझ गया। इससे पहले कि वाचस्पति मिश्र विचारों की तंद्रा से बाहर निकले, एक सुकोमल स्त्री के हाथ ने दीपक की लौ को पुनः प्रज्वलित कर दिया। मिश्रजी ने आश्चर्य से उस हाथ की स्वामिनी को देखा और पूछा, ''हे देवी! आप अपना परिचय दें। साथ ही यह भी बताएँ कि आप मेरे घर में

क्या कर रही हैं?" उस महिला ने सकुचाते हुए धीमी आवाज में उज़्र दिया, "स्वामी, मैं आपकी धर्मपत्नी हूँ, भामति। 16 वर्ष पूर्व सज़्य समाज व अग्नि को साक्षी रखकर आपने मेरे पिता से मेरा दान ग्रहण किया।

"पाणिग्रहण के समय से ही मैं यहाँ रहकर आपकी सेवा कर रही हूँ। आपकी सभी आवश्यकताओं का ध्यान रखना भार्या होने के नाते मेरा धर्म है। प्रतिदिन दीपक मैं ही जलाती हूँ। आपने कभी टोका नहीं। आज संभवत: आपकी ग्रंथ रचना पूर्णता को है, जो आपकी एकाग्रता भंग हुई। क्षमा करें देव!" वाचस्पतिजी आश्चर्य से उस सुंदरी को देखते रहे मानो पहली बार देखा हो। विवाह का स्मरण तो आ गया, पर अपनी ज्ञान साधना के मध्य बाकी कुछ भी तो याद नहीं रहा। पत्नी के समर्पण से विस्मित मिश्रजी कह उठे, "भामति! मैंने तुज़्हारी ओर तनिक भी ध्यान न देकर तुज़्हारा घोर अपमान किया, पर फिर भी तुमने निष्ठा से, बिना प्रतिफल की अपेक्षा के अपने धर्म का निर्वाह किया। तुम धन्य हो। वास्तव में आज ग्रंथ का उपसंहार हुआ है। बस अब नामकरण ही शेष है। वह अब तुज़्हारे प्रेम-प्रदीप के प्रकाश में कर देते हैं।" उन्होंने ग्रंथ पर नाम लिखा—'भामति'।

लक्ष्य पर मन को एकाग्र करने का ऐसा अद्‍भुत उदाहरण। केवल वाचस्पति मिश्र का ही नहीं भामति का भी ब्रह्मचर्य अनुपमेय है। अपने धर्म का पालन करते हुए अन्य सबकुछ भूल जाना। बिना किसी अपेक्षा के अपने मन को लक्ष्य पर एकाग्र करना यही तो ब्रह्मचर्य का वास्तविक अर्थ है। ऊर्जा का केंद्रीकरण लक्ष्यप्राप्ति के लिए अत्यावश्यक है। हमारी सारी इंद्रियों के माध्यम से ऊर्जा का व्यय होता है और जब इन इंद्रियों को निरर्थक कार्यों में लगाया जाता है तब पूरा ही अपव्यय होता है। व्यर्थ गई ऊर्जा अधिक घातक होती है। जो ऊर्जा कार्य में व्यय होती है, उसके व्यय होने से जो उत्पादक भाव मन में आता है, वह भी ऊर्जावान

होता है। अत: लक्ष्य प्रेरित कार्य करते समय इंद्रियों के स्तर पर ऊर्जा का व्यय होने के साथ ही दूसरे स्तर पर मन में साज्विक ऊर्जा का उत्पादन भी होता है, अत: कुल हिसाब में कई बार लाभ भी हो जाता है। लक्ष्यप्राप्ति के लिए अपनी सब इंद्रियों को केंद्रित करना अत्यावश्यक होता है। वैसे भी चरित्र-निर्माण में ऊर्जा के संवर्द्धन का बड़ा महज्व है।

किशोरावस्था में सारी इंद्रियों की शक्ति अपने चरम पर होती है। इस कारण कुछ-न-कुछ करने की सतत इच्छा होती है। कर्मेंद्रियों में प्रजनन की शक्ति का विकास इसी आयु में प्रारंभ होता है। शरीर में हार्मोंस की रासायनिक प्रक्रिया भी इस विकास के अनुरूप होती है। स्वाभाविक ही जैसे छोटा बालक अपने नए-नए दाँतों को सब वस्तुओं पर प्रयोग करना चाहता है, उसी प्रकार किशोरावस्था में युवक-युवती भी अपनी यौन इच्छाओं से जूझते हैं। यह प्रत्याकर्षण उनकी समझ में नहीं आता। आजकल दूरदर्शन व आंतरताने के कारण जानकारी के स्तर पर नाविन्य भले न रह गया हो, किंतु अपने शारीरिक स्तरों पर होने वाले परिवर्तनों का अनुभव तो नया ही होता है। ऐसे समय सही मार्गदर्शन न मिलने के कारण भयंकर भूलें हो सकती हैं। अत: स्वयं भी इन अनुभवों को सही दिशा प्रदान करना अत्यावश्यक होता है।

विकसित होने के स्तर पर निग्रह ही इंद्रियों को शक्ति प्रदान करता है। अत: सभी इंद्रियों के समर्थ बनने में संयम का बड़ा महज्व है। संयम से ही हमारे अंगों की क्षमता बढ़ सकती है। बिना संयम के प्रयोग तो शारीरिक क्षमता को पूर्णत: निर्बल कर देता है। प्रजनेंद्रियों के बारे में तो यह और भी सत्य है। पश्चिमी देशों में असंयमित जीवनशैली का परिणाम है कि अति के कारण 48 प्रतिशत लोग नपुंसकता के शिकार हैं। मन को विकारों से बचाने के लिए सभी इंद्रियों को संयमित करना आवश्यक है। मन की पवित्रता से ही ब्रह्मचर्य संभव है। मन को सदा पवित्र रखने के लिए उसी प्रकार के विचारों से घिरे रहने का प्रयास होना

चाहिए। अपनी संगत से हमारे जीवन-मूल्य प्रभावित होते हैं और इन्हीं से हमारा आचरण भी। अत: किशोरावस्था में अपने मित्रों का चयन सोच-समझकर ही करना चाहिए। अभिभावकों अथवा अपने बड़े भाई या बहन से इन विषयों पर हम सहज जिज्ञासा एवं खुली चर्चा करने की स्थिति में हों, क्योंकि वे ही हमारा सही मार्गदर्शन कर सकते हैं।

ऊर्जा के स्तर पर यौवन रक्षा का बड़ा ही महत्त्व है। अपने यौवन की भौतिक रूप से रक्षा का अर्थ है अपने शुक्र अथवा वीर्य की रक्षा। बहनों में मासिक धर्म के प्रारंभ होने के साथ ही शुक्राणु बनना प्रारंभ होता है। पुरुषों में भी साधारणत: किशोरावस्था की आयु में ही वीर्य पर्याप्त मात्रा में बनना प्रारंभ होता है। यह लगभग वही आयु है जब दाढ़ी-मूँछ दिखने लगती हैं। आयुर्वेद के अनुसार हमारे अन्नरस से सात धातुएँ बनती हैं। मल, मूत्र व स्वेद ये त्रि-मल हैं, जो शरीर के विषों को साफ करने का काम करते हैं। अत: ये तीनों तो त्याज्य होते हैं, अत: पाचनक्रिया के प्रारंभ में ही हमारा शरीर उनका सहज त्याग करता है। इसके बाद जो अन्न का पौष्टिक तत्त्व बचता है, उससे रस, रक्त, मांस, मेद, अस्थि व मज्जा शरीर के लिए अनिवार्य ये छह धातुएँ बनती हैं। ये शरीर को बनाती हैं। इसी क्रम में इनका उत्पादन शरीर में होता है। क्रमश: इनकी मात्रा कम-कम होती है। जैसे कई किलो रस से कुछ ग्राम ही रक्त बनेगा।

उसी प्रकार क्रमश: मांस, मेद आदि की मात्रा कम होती जाएगी और शक्ति बढ़ती जाएगी। इन छह धातुओं के बाद अंत में शुक्र/वीर्य बनता है। अनुमान है कि 100 किलो अन्नरस से एक ग्राम शुक्र बनता है। अत: इसमें प्राण ऊर्जा की शक्ति सर्वाधिक होती है।

वीर्य के शरीर में बने रहने मात्र से ही हम यौवन में सर्वाधिक बल का अनुभव इसी के कारण करते हैं। यदि हम अपने यौवन की रक्षा करना चाहते हैं तो इस सातवें धातु की रक्षा सबसे आवश्यक है। इसके

अंदर नवजीवन को जन्म देने की शक्ति होती है। इसका वृथा नाश पूरे चरित्र को ही कमजोर बना देता है। आज जो भरी जवानी में हताश एवं निस्तेज युवा दिखाई देते हैं, उसका एक प्रमुख कारण इस विषय में लापरवाही है। खुले व असंयमित जीवन से शुक्र-वीर्य का अनियंत्रित स्खलन व व्यर्थ पतन हो जाता है। शारीरिक कमजोरी, प्राण के स्तर पर ओजहीनता व मन के स्तर पर अपवित्रता के कारण व्यक्तित्व पूर्ण निस्तेज हो जाता है। त्वचा कांतिहीन व खुरदरी हो जाती है। आँखें बोझिल व कालेपन से घिर जाती हैं। मन की एकाग्रता व सर्जकता भी कुंठित हो जाती है। कुल मिलाकर तरुणाई ही नष्ट हो जाती है। अत: शरीर, मन, वाणी एवं कर्म की शुद्धि से यौवन शक्ति को बचाए रखना सभी का कर्तव्य है। इसी से गृहस्थाश्रम में सबल, सुदृढ़ व समर्थ नई पीढ़ी को जन्म देने की क्षमता होगी और पूरा समाज वीर्यवान व तेजस्वी बन सकेगा।

जो आजीवन ब्रह्मचर्य का पालन करते हैं, उनमें यह ऊर्जा आध्यात्मिक शक्ति के रूप में प्रवाहित होती है और व्यक्तित्व को चमत्कारिक ओज, प्रगल्भता एवं चुंबकत्व प्रदान करती है। गृहस्थ व संन्यास दोनों ही स्थितियों में जीवनलक्ष्य की प्राप्ति में सातवें धातु की सबसे अहम भूमिका है। यौवन रक्षा का सहज साधन है—जीवन को मन-वचन से शुद्ध रखना। बोलने में भी अपवित्रता न हो। अपनी दृष्टि को पवित्र रखना। जब हमारे संबंध पवित्र होंगे तो किसी का शरीर दिखेगा ही नहीं। सबसे अधिक फिसलन भरा इंद्रियानुभव स्पर्श है। अत: इससे दूर रहना ही सर्वोत्तम है। स्वामी विवेकानंद के गुरुभाई स्वामी अभेदानंद की अमेरिका यात्रा में उनकी एक शिष्या, जो उनकी माँ की आयु की थी, उनको लेने गई। स्वागत में अपनी सभ्यता के अनुसार जब उसने हाथ मिलाने के लिए आगे बढ़ाया तो स्वामीजी ने हाथ जोड़कर अभिवादन किया। खुले समाज की होने के कारण उस महिला ने बिना संकोच

स्वामीजी से प्रश्न किया, ''जब आप भी पवित्र हैं, मैं भी पवित्र हूँ तो फिर भय कैसा?'' स्वामीजी मुसकराए और कहा, ''माँ, वर्षा का जल सबसे पवित्र होता है, पूर्ण निर्मल। और धरती मैया भी अपने-आप में तो पूर्ण शुद्ध हैं, पर जब दोनों का स्पर्श होता है तो कीचड़ बनता है। जो कितना अपवित्र होता है।''

सबसे बड़ी बात तो मन में ऊँचे सपने लिये उदाज़ ध्येय पर मन को एकाग्र करना है। सारी ऊर्जा, सारी शक्ति, शरीर के रोम-रोम, हर विचार यहाँ तक कि स्वप्न भी ध्येय से प्लावित हो जाए, तो फिर सारी अपवित्रता ध्येयाग्नि में राख हो जाती है। मन अपने लक्ष्य पर ही एकाग्र हो जाता है और कोई विचार मन को छूता ही नहीं। भारतीय युवा के जीवित आदर्श, स्वप्नद्रष्टा डॉ. ए.पी.जे. अज़्दुल कलाम से किसी ने साक्षात्कार में पूछा, आपने विवाह क्यों नहीं किया तो उज़र मिला, ''अरे, समय ही नहीं मिला।'' जीवन में जब उदाज़ ध्येय की लगन लगी हो तो फिर मन कहीं नहीं भटकता।

वासनारूपी सिनेमाई प्रेम-संबंधों में मन भटकता है। इसका अर्थ है जीवन में अभी ध्येय जगा नहीं। लगन लगी नहीं।

तरुणाई इन निरर्थक बातों में व्यर्थ समय गँवाने के लिए नहीं है। तरुणाई तो किसी असंभव कार्य को संभव करने में पूरा जोर लगाने में है। वीरता और पौरुष अपनी शक्ति को पूरी लगन से समर्पित करने में है।

□

8

समर्पण, संकल्प, आहुति

माँ भारती की पुकार

"माँ भवानी! आपके आशीर्वाद से आज तो बत्तीस दाँतोंवाले बकरे की बलि चढ़ाऊँगा!" प्रतापगढ़ पर अफजलखान से मिलने जाने से पूर्व पूजा में शिवाजी ने अपने आराध्य माँ तुलजा भवानी को यह वचन दिया। कितना जबरदस्त आत्मविश्वास! वैसे अफजलखान ने शिवाजी को मारने का बीड़ा उठाया था। वह अपनी इस मुहिम पर बड़ी तैयारी के साथ चल पड़ा था। पूरी फौज साथ में थी। ऐसे साथी भी ले लिये थे जो शिवाजी से पूर्व में लड़ चुके थे, अर्थात् हारकर भागे थे। लाखों का लश्कर था। रास्ते में अनेक मराठा सरदार भी अपनी सेना सहित उससे जा मिले थे। मंदिरों का ध्वंस करता हुआ वह शिवाजी को चुनौती देता रहा, पर शिवाजी पूरे धैर्य से उसकी प्रतीक्षा जावली के घने जंगल में सुरक्षित प्रतापगढ़ पर करते रहे। अफजलखान शारीरिक बल में भी शिवाजी से कई गुना अधिक है, सामरिक सैन्यबल भी उसका प्रचंड है। फिर भी शिवाजी को पूर्ण आत्मविश्वास है कि आज उसकी बलि चढ़ेगी। यह मनोबल कहाँ से आता है? इस अपराजेय आत्मबल का स्रोत क्या है? संकल्प और समर्पण! निस्स्वार्थ ध्येय से प्रेरित जीवन

अर्पित करनेवालों में ऐसे ही असंभव को संभव कर दिखाने का बल होता है।

अपने जीवन को आहूत करना जीवन का सर्वोच्च उपयोग है। हम जीवन को लगाते तो हैं ही किसी-न-किसी कार्य में। फिर उसे सर्वोच्च लक्ष्य के लिए ही क्यों न समर्पित कर दें? स्वामी विवेकानंद कहते हैं, "रत्ती भर निस्स्वार्थता भी आप में 100 हाथियों का बल भर देगी।" हमारे शास्त्र कहते हैं, त्याग ही मानव का जीवनाधार है। वेद घोषणा करते हैं—"न धनेन, न ज्ञानेन, न प्रजया। त्यागेन ऐकेन अमृतत्व मानषु:॥" केवल त्याग से ही परमब्रह्म की प्राप्ति संभव है। त्याग का सरल सा अर्थ है अपने समय को स्वार्थहीन कार्य में लगाना। यही तो समर्पण है, आहुति है। हमारी संस्कृति में यज्ञ का बड़ा महत्त्व है। यज्ञ आहुति से ही प्रज्वलित होता है। हमने पंचमहायज्ञों के माध्यम से निरंतर आहुति पर आधारित आदर्श समाज जीवन की रचना सफलतापूर्वक की, जिसमें सबके सुख की निश्चिती थी। व्यक्ति परिवार के लिए, परिवार समाज के लिए त्याग करे, यह हमने सहज संस्कारों से साकार किया। इसी सनातन धर्माधारित जीवन से भारत हर क्षेत्र में सदियों तक अग्रणी रहा।

जैसे सनातन धर्म वैसे ही युगधर्म भी आज हमसे यही अपेक्षा करता है। आज पुन: भारत विश्व के मार्गदर्शन के लिए प्रस्तुत है। विश्व का सबसे पुरातन राष्ट्र विश्व का सबसे युवा राष्ट्र भी है। आज भारतीय युवा हर क्षेत्र में परचम लहरा रहे हैं। विश्व हमारी ओर आशा भरी दृष्टि से देख रहा है। ऐसे समय भारत के इस राष्ट्रीय जीवन-ध्येय का साकार होना केवल इसी बात पर निर्भर करता है कि कितने लोग अपने जीवन को इस ध्येय के प्रति समर्पित करते हैं? स्वतंत्रता आंदोलन में अनेकों ने राष्ट्र रक्षार्थ हँसते-हँसते अपने प्राणों की आहुति दी थी। आज हम स्वतंत्र हैं। समस्याएँ अनगिनत हैं पर परकीय सत्ता से संघर्ष नहीं है।

अत: देश के लिए मरने की नहीं, देश के लिए जीने की आवश्यकता है। इसीलिए आज शिवाजी का उदाहरण महज़्वपूर्ण है। जीतने के लिए लड़ना है मरने के लिए नहीं। शत्रु की बलि चढ़ानी है। आवश्यक हो तो अपने जीवन की बलि दे ही देंगे। पर यह बलिदान व्यर्थ न हो।

'गढ़ें अपना जीवन' इस पुस्तक में हमने अपने जीवन को गढ़ने की वैज्ञानिक, व्यावहारिक विधि पर अब तक चर्चा की। अब इस अंतिम अध्याय में उसी वैज्ञानिकता से हम जीवन को समर्पित करने का विचार करेंगे। जीवन के शाश्वत नियम–सनातन धर्म हमें सर्वोच्च जीवन विकास के लिए त्याग का मार्ग दिखाता है। यज्ञ में आहुति को ही जीवन विधा के रूप में प्रस्तुत करता है। वर्तमान परिदृश्य के अनुसार युगधर्म भी पूर्ण समर्पण की माँग करता है। अत: आवश्यक है कि अधिक–से–अधिक लोग अपने जीवन को पूर्णत: माँ भारती के लिए समर्पित करें।

आज अनेक ऐसे संगठन हैं, जो हमें इस प्रकार के कार्य का अवसर प्रदान करते हैं। स्वामी विवेकानंद द्वारा स्थापित रामकृष्ण मिशन, स्वामी चिन्मयानंदजी का चिन्मय मिशन जीवन में अध्यात्म को वरीयता देकर जीवन समर्पण को इच्छुक युवाओं को संन्यासी जीवन का मार्ग प्रशस्त करते हैं। प्रखर प्रशिक्षण द्वारा संन्यासियों को तैयार किया जाता है। राष्ट्रभक्ति की प्रेरणा जिनमें अधिक प्रखर हो, उनके लिए राष्ट्रीय स्वयंसेवक संघ और उससे जुड़े संगठनों के पूर्णकालिक प्रचारक बनकर कार्य करने का अवसर है।

विवेकानंद केंद्र के संस्थापक माननीय एकनाथजी रानडे ने जीवनव्रती योजना के माध्यम से अध्यात्म प्रेरित सेवाकार्य द्वारा भारतमाता को जगत्गुरु बनाने के लिए जीवन समर्पित करने का अवसर युवाओं के सज़्मुख रखा है। 30 वर्ष से कम आयु के अविवाहित युवक/युवती देश के किसी भी कोने में जाकर अवैतनिक सेवाकार्य करने की तत्परता रखते हों तो जीवनव्रती बन सकते हैं। 5 साल तक शिक्षार्थी के रूप

में प्रशिक्षण से व्यक्तित्व को पूर्ण निखार देने के साथ जीवन को राष्ट्र के लिए अधिक उपयोगी बना समर्पित करने का नाम है जीवनव्रती। जो पूरा जीवन लगाने का संकल्प लेने का साहस न जुटा पाएँ, उनके लिए सेवाव्रती की योजना है। तीन से पाँच साल तक का पूरा समय जहाँ संगठन भेजे वहाँ जाकर कार्य करने की तत्परता वाले युवक/युवती सेवाव्रती बन सकते हैं। संन्यासी, प्रचारक, जीवनव्रती अथवा सेवाव्रती इन सभी व्यवस्थाओं में संगठन आपके योगक्षेम का वहन करते हैं। आपके पूरे 24 घंटे संगठन के लिए समर्पित होते हैं।

यदि इस प्रकार पूर्ण समर्पण का सौभाग्य इस जन्म में नहीं मिला है तब भी अपने जीवनध्येय को राष्ट्र के जीवनध्येय के अनुरूप चयन कर उसके माध्यम से योगदान तो सभी दे सकते हैं। अपने व्यवसाय, उद्योग, नौकरी में राष्ट्रहित को सर्वोपरि रखना और उसके अलावा निश्चित समय प्रतिदिन राष्ट्रकार्य के लिए देना। यह संकल्प तो सभी को लेना चाहिए। समयदान के साथ ही अपनी आमदनी में से निश्चित राशि का दान भी नियमित रूप से करना चाहिए। अपने सभी कामों में राष्ट्रहित को सर्वोपरि रखना सच्ची देशभक्ति है। तायवान एक छोटा सा देश है। हरियाणा जितना भूभाग व केरल जितनी आबादी। अभी दुनिया के कई देशों ने मान्यता भी नहीं दी है। चीन उसे अपने में शामिल करने के लिए लगा है। फिर भी वह विश्व की चौथे क्रमांक की अर्थव्यवस्था है, स्वदेशी के बूते पर। आज चीनी वस्तुओं से परेशान अमेरिका में भी नारा चल पड़ा है—Be Americam Buy American। हम भी स्वदेशी को अपना लें तो भारत आज ही विश्व का सबसे अमीर देश बन सकता है। अपनी परंपरा और संस्कृति का सज़्मान, स्वभाषा को महज़्व व स्वकार्य को पूर्ण प्रामाणिकता से करना—यह व्यावहारिक देशभक्ति है, जो जीवन को स्वर्णिम बना देगी। ऐसा संतुष्ट, समर्पित व सफल जीवन जीना हमारे संकल्प पर निर्भर करता है। आज अपने

स्वार्थ, आलस व भेड़चाल रूपी 32 दाँतों वाले बकरे अफजल की माँ भारती के समक्ष बलि देने का अवसर है।

माँ भारती की पुकार सुनें! माँ का खाली खप्पर आज अपने जीवन की भिक्षा माँगता है। आइए, अपने जीवन को समर्पित कर सार्थक करें। यथार्थ में गढ़ें जीवन अपना!

पूरी पुस्तक में चरित्र के सुगठन के लिए अनेक व्यावहारिक उपाय सुझाए हैं। उन्हीं पर आधारित कृति संकल्प सूचित किए गए है। इनको मनसा वाचा, कर्मणा धारण कर नित्य करें तो व्यक्तित्व का समग्र व सर्वांगीण विकास सुनिश्चित है।

1. प्रतिदिन प्रातः उठते ही भूमिवंदन करना। मंत्र आए न आए, मन में भाव धारण करें कि माँ अब तुझे पैरों से स्पर्श करूँगा, क्षमा करें।
2. माता-पिता व सभी वरिष्ठ जनों का स्मरण करना। यदि साथ हो तो आशीष भी लेना।
3. कम-से-कम 12 सूर्यनमस्कार प्रतिदिन करना। अपनी क्षमता व लक्ष्य के अनुरूप और अधिक व्यायाम भी जोड़ सकते हैं।
4. भावनात्मक उदाज़ीकरण के लिए अपनी श्रद्धा के अनुसार इष्टदेवता, राष्ट्रदेवता व ज्ञानदाता गुरु के प्रति भक्ति से भजन गायन अथवा श्रवण।
5. एकाग्रता प्राणशक्ति की वृद्धि के लिए कुछ प्राणायाम व धारण अज़्यास। (प्रशिक्षण के बाद ही करें)
6. सार्थक समय नियोजन—प्रतिदिन सुबह काम पर निकलने से पहले उस दिन करने के कामों की सूची बनाकर वरीयता के अनुसार उसे समय प्रदान करना। पहले दिन के बचे कामों को भी समेट ले। सूची बनाने का संकल्प

ले रहे हैं, दिन भर में सारे काम करने का नहीं। अतः काम बच जाने से विचलित न हों। उसे अगले दिन की सूची में समाविष्ट कर लेंगे।

7. भोजन को हर समय प्रसाद रूप में ग्रहण करना। भोजनमंत्र आता हो तो अच्छा, न भी आता हो तो केवल इतनी प्रार्थना करें—'मुझे मिला है सबको मिले।' इस भाव से अन्नग्रहण करने से एक कण भी व्यर्थ नहीं गँवाएँगे। थाली में आए पूरे अन्न का सज़्मान करना ऊर्जा संरक्षण का संस्कार देता है। इसके अज़्यास के बाद बिजली, जल आदि के कम-से-कम उपयोग के संकल्प की ओर बढ़ सकते हैं।
8. स्वावलंबन का संकल्प—अपने स्वयं के कुछ कार्य स्वयं ही करने का संकल्प। अपनी थाली धोना, कपड़े (कम-से-कम अंतर्वस्त्र तो) स्वयं धोना, अपने कक्ष की सफाई। ऐसे कुछ काम स्वयं की क्षमता के अनुसार तय करें। शुरू में एक-दो से प्रारंभ कर धीरे-धीरे बढ़ाते हुए पूर्ण स्वावलंबन की ओर बढ़ना।
9. कलापासना का संकल्प—प्रतिदिन अपनी रुचि के अनुसार किसी-न-किसी कला की साधना करें। भले ही 10 मिनट के लिए ही।
10. नया सीखने का संकल्प—प्रतिदिन किसी-न-किसी भाषा के नए शज़्द अथवा वाक्य रचना को सीखना। कोई न कोई एक तकनीकी बात को सीखना। वाहन के प्रयोग, रख-रखाव व सुधार के विषय में अथवा संगणक के बारे में अथवा अपने दैनिक उपयोग में आनेवाले उपकरणों के बारे में प्रतिदिन कुछ-न-कुछ नया सीखना।
11. सार्थक संपर्क का संकल्प—प्रतिदिन कम-से-कम दो

लोगों से किसी-न-किसी संवाद माध्यम से संपर्क करना। एक पुराना मित्र, संबंधी अथवा संपर्कित व्यक्ति तथा एक नया। संवाद सहज व आत्मीय हो।

12. सार्थक सेवा का संकल्प—प्रतिदिन कुछ समय निस्स्वार्थ कार्य में देना। व्यक्तिगत स्तर पर किसी बालक को पढ़ाना अथवा सेवा कार्यों में समय देना। यदि प्रतिदिन समय न भी दे पाए, तब भी संकल्प प्रतिदिन का लें। जैसे 10 मिनट प्रतिदिन के हिसाब से 6 दिन का एक घंटा व रविवार के 2 घंटे।

13. आत्मावलोकन—प्रतिदिन सोने से पूर्व दिन भर के व्यवहार का सिंहावलोकन करना।

इन सब संकल्पों को एक साथ लेने की अपेक्षा नहीं है। अपने मन की तैयारी के अनुसार किन्ही भी 2 या 3 संकल्पों से प्रारंभ कर सकते हैं। धीरे-धीरे आत्मविश्वास बढ़ते जाने पर और संकल्प जोड़ते जाएँ। क्रम से ही चलें, यह आवश्यक नहीं है। अपने-अपने स्वभाव के अनुसार जो सरल व सहज लगे, उन्हें पहले धारण करें और कठिन बाद में जोड़ते जाएँ।

संकल्पों का निरंतर पालन करने से क्रमशः चरित्र का गठन होता जाता है। यह प्राकृतिक, जैविक व सहज प्रक्रिया है, जो दिखाई नहीं देती। स्वामी विवेकानंद के शब्दों में जैसे 'भोर की ओस चुपचाप, अदृश्य ही पुष्प हो खिला देती है।'

आइए हम भी अपने जीवन पुष्प को विकसित कर भारत माँ के चरणों में समर्पित करें। गढ़ें अपना और सबका जीवन।

□□□

9789350483916
FCW - #0200 - 061026 - C0 - 216/140/7 - PB - 9789350483916 - Matt Lamination